36个怎么办？

班主任解决问题的小妙招

李雪静 ◎ 主编

哈尔滨出版社

图书在版编目（CIP）数据

36个怎么办：班主任解决问题的小妙招 / 李雪静主编. — 哈尔滨：哈尔滨出版社，2023.10

ISBN 978-7-5484-7589-7

Ⅰ.①3… Ⅱ.①李… Ⅲ.①班主任工作 Ⅳ.①G451.6

中国国家版本馆 CIP 数据核字（2023）第 183668 号

书　　名：**36个怎么办：班主任解决问题的小妙招**
　　　　　36GE ZENMEBAN : BANZHUREN JIEJUE WENTI DE XIAOMIAOZHAO

作　　者：李雪静　主编
责任编辑：韩伟锋
封面设计：智诚源创

出版发行：哈尔滨出版社（Harbin Publishing House）
社　　址：哈尔滨市香坊区泰山路82-9号　　邮编：150090
经　　销：全国新华书店
印　　刷：武汉颜沫印刷有限公司
网　　址：www.hrbcbs.com
E-mail：hrbcbs@yeah.net
编辑版权热线：（0451）87900271　87900272

开　　本：710mm×1000mm　1/16　印张：13.5　字数：212千字
版　　次：2023年10月第1版
印　　次：2023年10月第1次印刷
书　　号：ISBN 978-7-5484-7589-7
定　　价：70.00元

凡购本社图书发现印装错误，请与本社印制部联系调换。
服务热线：（0451）87900279

编委会名单

主　编： 李雪静

副主编： 郑悦绚　王　江　董　宇　宗　佳　张　娜

编　委： 徐修侗　邓娴娴　林佳玲　郑清晓　程　楠　陈泽晞

　　　　　李博姿　海　虹　刘怡清　邬　丽　张　凡　苏莉菲

　　　　　杨灵风　饶慧娟　张雪莹　曾宪梅　刁利华　杨鑫萍

　　　　　彭紫絮

目录 CONTENTS

学生行为篇

学生盲目追星，怎么办？ ……………………………… 徐修俏 / 002

学生之间出现小团体，怎么办？ ………………………… 王　江 / 007

学生自律性不强，怎么办？ ……………………………… 邓娴娴 / 012

学生扰乱课堂纪律，怎么办？ …………………………… 林佳玲 / 017

学生沉迷网络，怎么办？ ………………………………… 郑清晓 / 022

学生之间发生冲突，怎么办？ …………………………… 程　楠 / 028

学生心态篇

学生考试太焦虑，怎么办？ ……………………………… 宗　佳 / 036

学生出现不良情绪，怎么办？ …………………………… 陈泽晞 / 043

学生遭遇情感困惑，怎么办？ …………………………… 李博姿 / 049

学生无法面对挫折，怎么办？ …………………………… 海　虹 / 054

学生情绪不稳定、易怒易躁，怎么办？ ………………… 刘怡清 / 059

学生学习动力不足，怎么办？ …………………………… 郐　丽 / 065

班主任管理篇

班主任威信不够，怎么办？ ……………………………… 张　凡 / 070

学生不接受新班主任，怎么办？ ………………………… 苏莉菲 / 075

学生没有良好的学习习惯，怎么办？ …………………… 杨灵风 / 082

班级出现不良舆论，怎么办？ …………………………… 曾宪梅 / 088

班主任带班效果不理想，怎么办？ .... 王　江 / 093
每周一次主题班会，不知道讲什么，怎么办？ .... 邓娴娴 / 098

班主任沟通篇

科任老师工作方法欠佳，怎么办？ .... 饶慧娟 / 104
学生拒绝和班主任谈心，怎么办？ .... 张　娜 / 109
班主任不敢批评学生，怎么办？ .... 张雪莹 / 116
家长会效果一般，怎么办？ .... 王　江 / 122
班主任担心班级成绩不理想，怎么办？ .... 曾宪梅 / 127
有人说班主任偏爱优秀学生，怎么办？ .... 张　凡 / 133

亲子关系篇

学生家庭亲子矛盾频发，怎么办？ .... 饶慧娟 / 140
学生遭遇家庭暴力，怎么办？ .... 程　楠 / 145
学生不听家长的意见，怎么办？ .... 程　楠 / 151
学生不愿意和家长沟通，怎么办？ .... 董　宇 / 157
纠结"赢了"孩子，还是"赢得"孩子，怎么办？ .... 刁利华 / 163
孩子喜欢威胁家长，怎么办？ .... 杨鑫萍 / 169

家校沟通篇

家长只关心孩子学习成绩，怎么办？ .... 苏莉菲 / 176
家长不配合老师的工作，怎么办？ .... 王　江 / 183
遇到教育观念偏激的家长，怎么办？ .... 张　娜 / 187
家长过多干预老师的教学，怎么办？ .... 董　宇 / 193
家长在群里抱怨老师、批评学校，怎么办？ .... 张雪莹 / 198
家长要求老师格外关注他的孩子，怎么办？ .... 彭紫絮 / 204

学生行为篇

学生盲目追星，怎么办？

深圳市宝安区塘尾万里学校　徐修佣

【案例描述】

小爱和妈妈再次爆发了激烈的争执，这次小爱妈妈忍无可忍，凌晨一点她联系不到小爱，"夺命连环 call""信息轰炸"的回应是不理睬，就在要崩溃、要报警的时候，一条命令的语音，让妈妈赶紧去接她，她在接机，为了见她的偶像……小爱父母在她三年级的时候婚姻破裂，小爱父母就觉得对孩子有亏欠，爸爸有求必应，妈妈总是亏欠式弥补，青春期的小爱性情大变，温顺的她变得满身是刺，和妈妈关系疏远，与家人交流甚少，有了新手机之后，把大量的时间和精力用在了网络上，妈妈第一次发现她的秘密，是她豪掷一万元买偶像团体的周边产品。更令小爱妈妈惊讶的是，她在微博超级话题上的一些言论，偏激、暴力、不堪入目的骂战，在此之前她为她喜欢的某明星打榜已经很多次，她还扬言不上学了可以当网红，照样可以挣钱……通过家访、学生调查，我发现小爱追星已经到了盲目的、狂热的、无节制的地步了，房间墙上贴满了她偶像的海报、写真、小卡，甚至是一些她从娱乐杂志上剪下来的有关她偶像的介绍报道等，还有她的装饰品都印有偶像的大头贴，厚厚的手账本上也都是她偶像的信息。更令我大跌眼镜的是她六年级毕业会演。当时的小爱因为喜欢的偶像不同，与多年好友分道扬镳，私下也时常诋毁对方的偶像，以小爱和好友为首，以喜欢明星不同，班里分了两派，她们搞小团体，一直不和睦，毕业会演时候因为两方都想要表演自己的偶像的歌舞，导致双方发生矛盾，互相针对，以致两大"团伙"在班级公然对抗，小爱当众给对方"大姐大"一个耳光，然后双方开始互骂、互殴……现在班级也有很多以小爱马首是瞻的同学，小爱疯狂的追星已经严重影响到了她正常的学习生活、亲子关系、同学关系，甚至班风。

【案例分析】

  我国从古以来就有看杀卫玠、掷果盈车等典故，这可谓最早的粉丝追星行为记录了。

  由于媒介的发展，可视媒体上明星高度活跃，吸引了广大受众尤其是青少年的眼球。2020年，《半月谈》杂志对全国2万多名12岁至18岁中学生开展"青少年追星调查"，数据显示，有42.2%的中学生从小学就开始有追星行为，有52%的中学生追星时间在3年以上。追星对中学生来说是一种正常的心理需求和行为表现，偶像崇拜是青春期的心理特征之一，是青春期心理需要的反映。

  但是在多种因素的作用下，追星中的"追"却变了味，比如小爱的行为，首先是不幸的家庭，缺少父母双方一致的有效引导，没有建立平等、民主的亲子关系，缺少有效的沟通，家长在孩子出现偏激行为的时候没有觉察到，更没有进行有效的引导；其次，父亲角色的长期缺位，让她对异性有一定的向往，尤其是青春期，使得她对异性的情感越来越丰富，开始幻想和追寻恋人的形象，把对异性的幻想转移到某些明星身上，满足自己的心理需求；另外，社会层面消极文化的影响，使得部分青少年盲目追求感官享受，在流量泡沫的冲击和资本的操控下，青少年很容易成为被控制的提线木偶，"打榜""磕CP""后援会""私生饭"……小爱就成了资本的牺牲品。还有学校层面，可能关注的是学业成绩，没有意识到当代青少年被新媒体裹挟的程度，没有给予一定的引导。追星也可能是小爱转移学习压力、自我放松宣泄的"调节剂"；最后，从小爱口中得知，追星，是她看到其他小伙伴也在追，由于从众心理，看到别人追星自己也去追，让自己与同龄人有共同的兴趣和话题等，也导致了因明星不同而构建的小团体的一系列偏激行为。

  "小爱事件"发酵，我开展了班级"扫黑"行动，通过调查暗访等形式，我发现班级24个女生都有自己喜欢和支持的明星，"韩娱"一派，"内娱"

一派，已经形成不同的小团体，买写真、囤CD，结伴去签售会或者见面会，会因为喜欢的男明星被传绯闻而成为网络喷子去黑女明星或者产生与网友对骂等恶劣行为。

【解决措施】

追星是青少年人生成长中重要的一部分。对偶像心理上的认同、行为上的模仿、情感的依恋等，都是青少年成长之路上的重要元素。几乎每一代人都是看着偶像或者榜样的背影长大的。如何引导小爱理智追星，我做了如下尝试：

从谈"星"到谈心，盲"追"，不盲止

追星是一个人生必经的阶段，要允许发生，尊重青少年的喜恶判断，孩子追星的行为如果一开始就被严厉制止，孩子就会关闭和我们沟通的闸门。这样就会使亲子、师生关系变得紧张。所以，尊重、理解并坦然接受就是最好的沟通姿态。带着这份真诚和理解，"大姐大"小爱受宠若惊，原本张牙舞爪的刺慢慢收敛。我现身说法讲了我小时候每次在伤心难过时候听偶像的歌就像在黑暗中得到救赎，三毛的文章总有摄人心魄，让我沉浸其中，我欣赏某名星的沉稳、努力和内秀……小爱好像也被点燃，滔滔不绝地给我讲某明星是如何帅、如何才华横溢，她们粉丝团爆米花好像"储存十吨热爱"一样……紧接着，我跟她聊我的追星收获，引出盲目追星的一些案例和危害，比如：17岁男孩疯狂借贷92万元追星应援被朋友告上法庭。流量明星"塌房"持续登上网络热搜，全民关注，在这起事件中暴露出来的盲目追星问题尤其严重，他的某些追捧者甚至提出"心疼哥哥、劫法场"这样令人瞠目结舌的言论。我和小爱讨论这些盲目疯狂的行为，引导小爱在此类事件中做出自己价值判断。

父母补位，温暖的陪伴和耐心的引导

小爱的追星拐点处在家庭破裂阶段，父母被生活鸡毛蒜皮的事情困扰，双方的关注点在自身的感情问题上，自我疗伤，忽视了受害者小爱，她在争

吵和孤独中看到某名星，始于颜值，陷于才华，然后自我代入。针对小爱的行为，我约谈了她的父母，谈了小爱出现盲目追星的原因和危害，明确孩子目前行为急需要纠正，学校和家长是统一战线，要形成合力。尊重孩子的追星行为，明确孩子的追星边界；父母轮流照顾，每月举办家庭聚会日；多带孩子出去游玩，转移注意力；不在孩子面前发生争执，给予温暖的关爱。

追着"星"光，追出自己的光芒

心有所爱从来都不是一件坏事，最重要的是让学生懂得将偶像当作榜样，将崇拜变为动力，始于颜值，陷于才华，忠于人品，见贤思齐才是追星的正确打开方式。

有人追星追成"网络黑子"，有人追星追成十项全能，杜甫追星李白，终成和李白比肩的伟大诗人，曾经的无尽仰望，如今终于活成你的模样，有人追星学会了篮球、学会了唱歌跳舞……

引导学生去向优质的偶像靠拢，多学闪光点，好好利用"偶像效应"。和小爱一起发掘她偶像的闪光点，真正地了解他们，把偶像积极的东西呈现给她，告诉她明星也是普通人，他们成功之前都付出了心血和汗水，任何成功都不是一蹴而就的，他们是付出了比常人更多的汗水才得以成功的，以此来激励她的成长。小爱的关注点不再是偶像的衣品穿搭如何，更懂得耍帅的背后是一遍遍反复训练，明星有他们自己的人生课题，努力提升自身的业务能力，认真拍戏、唱歌、跳舞，或者选择结婚生子，而我们也有自己的人生课题，健康快乐成长，努力提升自己的文化修养，树立正确的三观。

榜样新力量，"饭圈新势力"

真正的星光，不仅仅是闪亮的外表，更应该是精湛的才艺和努力拼搏的内心。开展系列主题班会，让学生走进身边榜样，明确哪些"星"该追。环节一：班级偶像分享会，学生制作榜样的力量卡，分享喜欢偶像的理由，挖掘自己偶像闪光的品质和奋斗精神等；环节二：如何理智追星辩论会，明确如何做到理智追星；环节三：板报区制作"星光灿烂"榜样榜单，多宣传介绍科学界和文学界等的"明星"，引导学生从狭隘的娱乐"追星"引到对科学文化知识的"追星"上，鼓励积极举荐身边具有正气、正向、正能量的榜样人物，挖掘身边的明星。

追星有度，不做"脑残粉"

引导小爱明确法律法规的边界，网络不是为所欲为的地方，任何不当的言论都是网络暴力，要承担法律责任，不做"无脑键盘侠"，删掉之前发布的一些过激的言论并道歉。在班级不搞小团体。

【后期效果】

心理学教授白彦茹曾指出："孩子偶像崇拜，寻找榜样是身心发展过程中必然会出现的一种心理诉求，不必太过恐慌，不应该谈'星'色变，如果引导得当，追星也能成为鼓励孩子上进的一种办法。"在理解、尊重的基础上，我们达成共识，小爱有选择支持自己的"爱豆"的权利和自由，父母和老师不强加干涉，我想要解决的也从来不是追星本身，是追星的一些盲目、疯狂的举动，想引导她在自己的喜好选择上保持理智，不偏激，也不再有大量的钱财、精力和时间投入，不影响自己正常的生活和学习。另外，引导她在社交网上正确、恰当地发表自己的言论，不能出现无故抹黑别人、网络对骂的现象。亲子关系更融洽了，小爱遇到事情会主动寻求帮助，在学习上的投入更多了，班级追星风气得到进一步净化。

【我的思考】

青少年还没有形成自己完整和正确的人生观和价值观。所以会出现盲目、过激、疯狂的追星行为。尊重、理解学生追星的行为，明确追星的边界，和学生一起追星，把崇拜转化为激励，引导追星的正确打开方式。

学生之间出现小团体,怎么办?

深圳市宝安区实验学校　王江

【案例描述】

有共同兴趣的七年级学生,比如爱打篮球的、周末爱骑车的,很容易因为这个共同的兴趣,聚在一起,时间久了,就容易出现班级小团体。我所带的班级,就有50个学生,其中男生占多数,有30个。经过观察,我发现班级中存在着几个小团体,他们之间确有相同的兴趣爱好,课间、放学后、甚至周末,总能看到他们玩耍、聊天的身影,这些班级小团体给班主任日常管理和老师教学都带来了不少麻烦。

一个由5个男孩和另一个由3个女孩组成的2个小团体,是比较典型的。这5个男孩学习基础比较差、上课爱接话、家长教育处于散养状态,可以说,是行为习惯比较差的几个学生,有时漏交作业,还会违反班规校纪。有一次,他们几个联合搞恶作剧,用不文明语言,欺负班级女生;还会向别人扔纸球、订书钉等。现在看来,他们缺乏同理心和尊重他人的意识,会以暴力的方式处理某些问题。

这5个男孩里面有一个叫孟旭的,长得胖胖的,喜欢说一些脏话,胆子很大,经常找老师反映问题,实际上自己也有错误,但他并没有深刻地认识到。一到课间,他就喜欢大声喧哗,上课喜欢抖腿;另外一个男孩叫李峰,他个头矮小,但很喜欢体育锻炼,精力充沛,平时看起来默默无闻,但他竟自己在网上组建了一个几千人的QQ群,当然,他也是班级里网络聊天的积极分子,是这个小团伙里面的"号召者"。

3个人组成的女生小团伙尽管在课堂和课间看不出什么直接的影响,但她们对学习的漠视和对外在形象的重视,无疑对班级其他女生有不良影响。

比如班级在七年级下学期转来了一个插班生，她一开始有着比较好的学习习惯和目标，后来我观察到她和三人组中的其中一个女生关系越来越好，在后面的学习中，明显可以看到她不好的表现，比如作业书写潦草，上课精力也没有之前专注了。

我曾多次找他们谈话，主要想了解他们为什么这样做，是不是在学习和生活中遇到了困难。交谈下来发现，他们对老师的关心和鼓励表现得比较冷淡。有次上完语文课，我就找到李峰说："七年级是一个好的开始，不管你自己小学有着怎样的基础，现在重新开始，一切来得及，你有着很好的身体素质和专注度，书写也漂亮，要踏实学习，不要虚度年华了。"表面看起来他是比较认同，但还是未能发生特别大的改变。对此，我也感到失望，甚至产生自我怀疑，更多的是担心他们对班级整体的影响。

【案例分析】

班级出现小团体，给班主任的工作增加了很多挑战，特别是他们对待学习的习惯和态度，是非常影响班风的，而班级小团体出现的原因，可以说是综合的：

主要是学生个人因素：在观察学生行为习惯，访谈学生家长，向他们小学班主任了解情况后，我认为，这些问题学生的背后，主要的还是家庭教育造成的。比如"三人团"中的小朱同学，从小由亲戚看着她长大，父母对她从小的陪伴和教育是偏少的；上学后，父母工作都非常忙，她的爸爸经常出差，家访都比较难约到。还有小峰同学，是一个缺少父母关爱的男孩子，家长对他的学习没有任何要求，导致他基础薄弱，将自己的注意力花到网络交友中去。总体来说，父母关爱和家庭教育的缺失，让他们缺乏学习上的自信，没有明确的学习目标和人生目标，只有通过结交和自己"志同道合"的朋友，才能找到生活中的乐趣，久而久之，他们就缺乏自控力，也不能很好地遵守班级和学校的规章制度。

当然，除了个人因素，也和班主任沟通能力不强有关，这是我值得注意的地方。具体来说，没有很好地和学生建立起情感沟通的渠道，没有走进他们的内心世界，去追问他们的真正的内心需求，也没有有效地传达出我对他们的期望和要求。我可能只是用了最基本的说教方式和他们交流，倾听他们的心声过少，这样就导致他们不愿意主动跟我沟通，那么真正的改变就不会发生。

从班级管理的方法上来讲，我没有及时发现班级出现的小团体，缺失敏锐度，没能在萌芽状态制止，是一大遗憾。在发现后，没有找到合适的管理策略去应对，基本上是采取传统的方式，比如额外布置作业、写反思等进行管教，没有采取一些个性化的管理措施进行辅导，导致小团体现象得以在班级发展。

【解决措施】

针对班级存在小团体的问题，我在后期采取了以下措施：

第一，充分利用家长资源。我有效利用学生家长，和他们进行坦诚的沟通，让家长感觉到，我是在用心帮助他们的孩子成长，进而获得家长的认可。然后调动家长的积极性，让他们在百忙工作中，关注孩子的成长和学习，不要再做一个旁观者。和班级其他老师一起，共同反馈孩子的上课表现，让家长觉得班级很关心他们的孩子，大家都在尽力帮助孩子成长。这样做的目的是让家长配合老师的工作；还有就是通过各方力量，教育孩子，鼓励孩子，让他们能够遵守基本的规则，共同为他们提供更多更好的关怀。

第二，建立良好的师生沟通。我尝试主动地与这些小团体中的学生建立起一种彼此信任和尊重的师生关系，通过多种方式和渠道来了解他们的想法和需求，比如让他们给我写信、钉钉聊天等。另外，我还以一种倾听的方式来跟他们谈心，让他们多表达一些，并且尊重他们的观念，给予他们表达的机会和空间。在鼓励方面，我也在寻求突破，比如发现他们的优点和进步时，第一时间在班级提出表扬和鼓励，激发他们前进的动力。邀请他们参与班级管理和活动，让他感受到自己是班级的一分子。

第三，制定个性化管理策略。对这些小团体中的学生的问题，不能用对待其他学生的常规方法去解决，而是要根据他们特点，制定出个性化的管理措施，首先就是约束他们的行为和规范：上课预备铃响要坐好，这样可以让其他同学觉得你既没有影响他人，也在为班级做贡献。然后激发他们的兴趣和动力，比如针对他们的特长，专门成立适合他们的兴趣小组，让他们的才华得以展示；还邀请心理老师对他们进行个性化的心理辅导。最后，对他们的成长进行看得见的奖励，并帮助他们制定下一阶段的目标。

【后期效果】

在采取了以上的措施后，我发现这些学生的个人问题有了明显的改善和进步，小团体中的人，行为规范越来越好，甚至有些人的学习还出现了进步。具体来说，我观察到了以下几个方面的正面效果：

他们的学习态度发生了改变。这些学生对学习的兴趣和动力有了明显增强，会参与课堂讨论，按时完成作业，有时还会主动找老师问问题。他们的学习成绩也有了明显的提升，比如小周同学在一次质量检测中，进步了25个名次；还有一些人的学业表现，超过了班级平均水平，令人非常惊讶。

他们的行为规范有了明显改善。他们开始遵守学校要求和班级纪律，早上不再迟到，课间不再打闹，自习课也在认真写作业，还会服从老师和班干部的管理。他们的行为赢得了其他学生的尊重，有些学生会教他们数学题，开始关心和帮助他们。这些学生也变得尊重老师，积极参与班级活动。

他们的人际关系变得越来越好。在和心理老师畅聊后，他们开始正确认识自身的优点和缺点，开始积极调整自己的情绪和态度，也有了自己初步的目标。比如有的学生说要上高中，有的说想走体育特长等等。他们与家长、老师、同学之间建立起了更加亲密和融洽的关系，变得阳光开朗起来。

【我的思考】

通过这个案例，我对自己的教育理念和育人方法进行了深刻反思。我认为，班级小团伙出现的原因在于问题学生，问题学生的背后是家庭教育；而问题学生是一定可以发生改变的，尽管不同的人改变的途径不一样，程度不一样，但总需要我们去想方设法进行引导和鼓励。另外，解决小团体中的学生问题，需要多方面配合努力，需要与其他老师、家长、同学等建立良好关系，形成一个有利于他们成长和发展的班级环境。

学生自律性不强，怎么办？

深圳市宝安区实验学校　邓娴娴

【案例描述】

自律，出自《左传·哀公十六年》，指在没有人现场监督的情况下，通过自己要求自己，变被动为主动，自觉地遵循法度，拿它来约束自己的一言一行。对于成年人来说，要求自己做到自律，难度可能会稍小一些，但是对于中学生来讲，要养成自律的优秀习惯，不是一件易事，尤其对大部分处于青春期的孩子来说，他们所理解的"自律"，就是做自己喜欢的事，无所谓"规矩"。就算有些孩子稍有了点儿自律意识，也维持不了太长时间，因为他们自我约束的意识没有形成，能力也还不够。当代青少年处于探索社会、探索人生的重要时期，他们的思想特点是不轻信、不盲从，既不唯书，也不唯师，喜欢在观察和对照中思考。

本学年我接任初三一个新的班级，按常理来说，毕业班的学生，应该自律意识较强，有一定的自我管控能力，比如上课讲话、违反纪律的问题不该出现。但这个班并不那么"美好"，尤其是在自律性方面，学生表现得较为糟糕。

比如，班上有个A同学，他上课时，总是喜欢讲话，无论是前后左右的同学，都会受他影响。他还有一个习惯，喜欢在老师转身的时候，迅速坐到某一个同学的身边，一节课此行为有时会出现两到三次。另外，对于老师的规则教导，他总是没法理解。比如，他总是在语文课上写数学作业，数学课上写英语作业，班会课上写其他作业，规则意识薄弱，自律性差。最主要的是，A同学的这种行为也对整个班级造成不好的影响，因其他同学看到老师们对于他这种行为貌似也没有太有效的办法，于是三三两两地效仿起来。科任老师们经常反映有同学上课私自调换位置，影响上课质量和上课效率。

再比如，疫情期间，学生上网课，在电脑的另一端，班级很多同学不是在认真听课，而是在老师监督不到的情况下，做着自己的事情：玩手机，看课外书……

班级的大部分同学还存在以下几个问题：一是，在家无法抵挡电子产品的诱惑，一小部分同学甚至玩手机到半夜，导致第二天一直瞌睡。二是，为了促进小组合作，每一个同学都有了自己的同桌（以前是单人单桌），但这样一来，上课讲话的现象比较严重。三是，无论是课堂还是课间，学生只要一离开老师的视线，就会出现各种"无规则意识"的举动，让身为班主任的我烦恼不已。以上种种，都是学生缺乏自律性的表现。

【案例分析】

对于班级学生出现的这个问题，我也一直在反思。

其一，学生在七八年级这两年没有养成良好的习惯。我们知道，好习惯难培养，坏习惯易形成。据学生所描述，在初一刚入学时，班级的一小部分学生上课就有爱讲话的坏习惯，老师有引导教育，但可能没有后续的跟进，因此这种现象有所扩大。学生长期在这种"吵闹"的学习环境中，就更谈不上自我约束力了。

其二，班级的凝聚力不强。三年的疫情，刚好影响到这一届学生。如此一来，大部分聚集性的比赛一律暂停，于是，班级能参与的集体活动少之又少，没有运动会，没有合唱比赛，没有英语节……而活动的过程，恰恰是形成强大班级凝聚力的重要条件。只有在班级活动中，学生才能正确认识个人与集体、个人与他人的关系，培养集体主义精神和对集体的责任感、义务感。如果没有活动，学生就不会感到集体的存在，也就不会主动地关心集体，为集体的利益奋斗。我们都说："寓教育于活动中。"活动的意义是不容小觑的。

其三，班级没有把班规落实到位，或者班规不适合本班级的学生。班级规章制度，简称"班规"，是中学生自我管理的重要制度，也是约束班级学生在校各种不良行为的有力保障。本班学生自律性较差，那么班规的各项内容，应该多数细化于学生自律性方面，如课堂纪律、行为习惯等。

其四，家校合作不够紧密有效，需要进一步加强。孩子出现自律性不强的问题，老师只是在学生面前"念叨"，效果并不明显，毕竟孩子正处于自主意识强、对道理却似懂非懂的年纪，因此特别需要与家长密切联系，共同商量解决对策。

班级学生自律性不强，会造成班级管理难度加大，尤其影响班级学习氛围。作为新接手的班主任，处理这个问题确实比较棘手，因为他们的过去两年我没有参与。而两个班主任不同风格、不同处事方式，学生在接受方面也需要一些时间。于是我多观察，多思考，走近学生，了解学生，深入到班级内部，多方入手，力争寻求一个有效、可靠的解决方案。

【解决措施】

我一直以来的带班理念是：正其心，雅其行，让教育变得有温度。我明白，如果我一味地要求，过度地教育，只会让学生更抗拒，更不听从我的教导，更别谈提升学生自律意识了。首先，就像我的带班理念所提到的：先"心"，再"行"。我决定从"心"出发。心理学告诉我们，人的任何一个举动都有它背后的原因。学生课堂上爱讲话，爱走动，排除心理问题外，他们更多的是想要寻求关注。班主任的事情多而杂乱，要经常关注到每一个学生是比较困难的。于是我不停在找间隙时间，比如，课间十分钟，我经常会去班上"晃悠"，和学生开开玩笑，聊聊天，尤其关注上课爱讲话的那几个学生，了解他们的兴趣爱好，以及除学习之外的生活。久而久之，这几个娃上课讲话的次数少了，我顺势加上了一个"狠招"——只要一发现这几个学生表现好了，我就在班上大力表扬。再后来，据科任老师们反映，班级的上课纪律好转了许多，安静了不少。

接着，开学初，我在制订班规的时候，不搞"一言堂"，而是先与班干部们一起商量班规内容，再抽空在班会上与全体学生们一起进行必要的删减。这样制订出来的班规，班上的孩子们都特别服气，而且非常愿意去一起遵守，因为每一条班规都切合学生自身实际，后来听学生们这样评论：我们班的班规很"走心"。班级制度建立起来了，学生们有章可循，自律性明显加强了好多。

然后，就是如何增强班级凝聚力的问题。因疫情所迫，我们不能组织聚集性的活动与比赛，但是在班级内部的一些活动，是可以组织的。比如说，开学初，我用"问卷星"征集班级口号、班歌等，再利用班会课时间进行投票定夺。学生会觉得老师把他们当成班级的主人，一起融入班级管理之中，继而形成一种向上的凝聚力。当大家学习感到困乏时、学习有压力时，大声喊一句班级口号，唱几句班歌，精神状态就又回来了。另外，我组织了书法比赛、朗诵比赛等，在班级学生中评出奖项，因为我认为，竞争力是凝聚力形成的基础和前提。学生们一起努力，一起奋斗，一起竞争，何乐而不为？

最后就是在家校沟通方面，我不"事事汇报，时时汇报"，而是有选择性地和家长交流孩子的某个问题。我们都知道，这个年龄段的学生，最不喜欢的就是老师与家长联系，他们会认为老师这是在"打小报告"。我和学生们约好：如果连续犯三次同样的错误，老师才会选择与家长沟通。这样一来，大部分学生都会加强自我约束，尽量让自己少犯错。另外，我与家长交流的时候，尽量多表扬，多鼓励，而且多替家长想办法，多给家长们一些教育孩子的方法。这个方法很有效，家长觉得我是一名有心的班主任、负责任的班主任。家校合力一起教育孩子，事半功倍，学生在班级的自律能力大大提高了。

【后期效果】

经过"走近学生、选择民主、凝神聚力、家校合力"的班级管理方式的施行，班上学生的自我管控能力明显增强了许多，班级的学风、班风也一直朝着充满正能量的方面发展。A同学虽然有时还是控制不住自己的行为举止，但收敛了许多,因为我的大力表扬和沟通,他把心思放在了学习上,成绩提升很快,在最近的一次英语小测中,客观题部分他拿到了"50分"的满分。此外,小组合作与竞争,让每一个孩子都在奋力往前迈进,力争让自己做到最好。因为在班上,小组的表现直接关系到小组成员的座位去向。我与学生之间的关系也好了很多,学生不再认为我是在"多管闲事",而是觉得老师是在为他们的进步付出真心。家长们呢,也更愿意与我交流孩子的事情,沟通的顺畅,非常有利于解决孩子身上出现的问题,也有助于孩子提升自我约束力,提高自律意识。

【我的思考】

康德认为:真正品德的产生,是来自人们意志的自愿,不受外界的约束,可以自主规范来约束自己,故道德的最高境界是"自律"。在教育中,我们不能只对学生提出社会规范要求或目标,而是要教会学生如何进行自我教育,以及培养自律能力。自律是促进道德内化的重要手段,因此,我们应从德育实际需要出发,顾及学生个性年龄特征和思想品德基础,发挥教师主导作用和学生主体作用,他律与自律相结合,使自律内容丰富,方法灵活多变。

学生扰乱课堂纪律,怎么办?

深圳市第二实验学校　林佳玲

【案例描述】

"林老师,林老师,小覃刚刚英语课不遵守纪律,导致英语老师停下来,无法讲课,耽误大家时间。"课间我刚踏进教室,一大群学生就迎上来跟我嚷嚷道。笑笑同学到办公找我,说:"林老师,坐在我后面的小覃和小鸣上课不听讲,擅自拿走我储物柜里面的午休枕头、被子,我的被子上面有一只小鹿,很可爱,他们还把被子打开来玩了。"物理老师下课在走廊叫住我:"小覃同学上课偷偷在下面玩手机游戏,现在手机被我没收了,你是班主任,手机现在转交给你处理吧。"哎,这小覃真是的,自从上了初二,课堂上频频违纪,不是上课睡觉,就是上课讲话,不是上课打闹,就是上课走神,这样下去可怎么得了啊。小覃睡觉、发呆会破坏班级的整体课堂氛围,会影响老师上课的状态。如果小覃上课不睡觉、不发呆,就会主动找同桌小鸣聊天,两人聊得起兴还会嘻嘻笑,甚至还会有肢体的打打闹闹,特别干扰课堂,甚至有时候搞到老师不得停下来教育一番,课堂方能继续下去。面对学生扰乱课堂纪律的情况,班主任该怎么办呢?

【案例分析】

小覃是足球特长生,从小就热爱足球,并一直参加专业的训练,在足球方面投入了不少时间和精力。一个人的时间和精力是有限的,除非有高度的自律性、坚强的意志力、强大的内驱力,否则是很难面面俱到的,尤其是对于一个学生来说。所以,小覃在学习方面的基础不好、不扎实,到了初中,尤其是初二阶段,知识学习的难度、深度、广度都有了更大的要求。如果基础不扎实、不好，会很难跟上节奏，渐渐会造成极大的学习困难，课堂的专注性自然就无法保证了。课堂上听不懂、学不会，坐在课堂上，对于一个青春期的男孩，难免就会发呆、睡觉、讲话、聊天、找点儿好玩的玩，从而产生扰乱课堂纪律的情况，成为问题学生。比如小覃的英语基础非常薄弱，英语老师跟小覃交代说课堂上如果听不懂，可以把书本后面的最基础的单词、词组抄一抄、背一背。小覃也认同英语老师的建议，但是在具体的实施过程中通常只有"三分钟热度"，无法持之以恒地坚持下去。在学习的道路上，学生如果欠缺强大的内驱力、坚强的意志力、高度的自律性，那良好的学习状态是很难展示出来的，最明显的一个表现就是扰乱课堂秩序。那班主任可以采取哪些措施帮助学生改善情况呢？

【解决措施】

作为初中阶段学生的老师，课堂上难免会遇到学生扰乱课堂纪律的现象，当学生的违纪行为影响到老师讲课、同学们听课的时候，老师难免会有情绪，烦恼、恼火、着急、担心……那老师该怎样处理呢？是否会停下来不讲课了？是否会用严厉的表情看着学生？是否会大声训斥学生？是否会严肃批评学生？是否会让学生罚站？是否会让学生写检讨、写反思？是否会给学生扣分？是否会罚学生值日？是否会讲一堆道理进行说教？是否会跟家长告状？是否让学生停课反思？当我们处于情绪下时，有时难免会使用这些简单粗暴的做法，因为能立即制止住违纪行为。但是简单粗暴的方式却不能让学生的违纪问题得到真正解决。面对困扰，我会尝试不断探索，我希望用温和坚定的态度，用尊重和共情的方式，激发学生的主动性，寻求学生的合作，让问题能够朝着更好的方向改善。

第一，采用高效的沟通方式，构建和谐的师生关系。

学生扰乱课堂秩序，有情绪的是老师，这时候老师需要对自己的情绪负责任，先处理情绪再处理问题。谁有情绪代表谁有困扰，谁有困扰就是谁的需求没有得到满足，老师要把自己的需求表达给学生，让学生知道老师的需求和情绪，寻求学生的合作。课堂秩序被扰乱的当下我们可以这样表达："我在上课，而小覃你在讲话，我现在没法继续讲课，同学们会无法完成这节课的学习任务，我很焦虑，我好担心。"当我们这样跟学生表达的时候，学生就会意识自己的行为已经影响到他人了，而且会很清楚自己的行为对老师和同学造成了怎样具体的影响。这样的表达能帮助学生意识到此时不恰当的是自己的行为，而不自己这个人有问题，因而学生会感受到被尊重。没有训斥、没有攻击，不会破坏师生彼此之间的关系。而且这样的表达会唤起学生的良知，能够寻求到学生的合作，学生会立即停止当下的不恰当行为。小覃热爱运动，有着灿烂的笑容，阳光的气息老师和同学们都很喜欢。这些良好的情感连接、和谐的关系都有助于我们帮助小覃改善不良行为。经常扰乱课堂纪律的问题，绝对不是一次性就能解决的，我们还可以做哪些努力呢？

第二，给予有效的关注和鼓励，让其参与一个有用的任务。

鲁道夫·德雷克斯说：丧失信心是所有不良行为的根源。一个行为不良的学生是一个丧失了信心的学生。曾经听过这样一个班级管理故事，班上有个学生老是在课堂上捣乱，所有老师都拿他没有办法，只有音乐老师有办法让他在课堂上不捣乱，你猜猜音乐老师用了什么方法？每当上课的时候，音乐老师就交给这个学生一个木鱼，说我带着同学们一起唱歌的时候，你就帮我敲木鱼，虽然他有时也会乱敲，但是基本上不会捣乱课堂。这位音乐老师用的方法就是给捣乱课堂纪律的学生一个可以参与的任务，这样学生就会感受到被关注和自身价值正在体现。在小覃的身上我也践行着这种正面管教的方式，在课堂上给小覃一个参与的任务，比如由小覃在课堂表现登记本上给每个回答对问题的同学加一颗星星，临下课的时候由小覃上台宣布各个小组的得星星情况。并对小覃的认真工作表达致谢，给予鼓励和肯定。我会组织每周、每个月汇总小覃记录的得星星情况通报给全班同学，对优秀的同学给予表扬。以此让小覃感受我们对他所承担的任务的重视、关注和肯定，从而提升小覃自我价值感。鲁道夫·德雷克斯说：孩子们需要鼓励，就像植物需要水。鼓励对于孩子们的健康成长和发展是至关重要的。

相信学生解决问题的能力，持之以恒地追踪跟进。

我们所看到的学生的问题，或者学生所表现出来的行为，只是冰山一角，这问题背后的原因和诉求，我们可以通过有效的沟通的方式去走进学生，理解学生，尊重学生，看见学生。当小覃扰乱课堂纪律的时候，我不会立马找他，我会缓一缓，隔个半天或者一天再找他了解情况，如果立马找他的话，我会有情绪，小覃也会紧张。在进行有效沟通之前让彼此的心态都平和下来，让和善的正面管教能够有发生的土壤。在沟通中引导学生发现问题。"你最近上课有哪些不恰当的行为？""上课不能认真上课的原因是什么？""对于听不懂的科目，你有什么打算？""上课讲话的问题你有什么办法？"没有不好的学生，只有不恰当的行为，相信每个学生都具有无限的可能性，我可以通过引导，带领小覃发现问题，分析问题，激发他自行思考解决问题的办法。引导学生自己找出解决的办法之后，参与到问题解决的过程中来，持续的定期追踪跟进。

【后期效果】

学生在课堂上的问题，我会坚守我的阵地，履行我的管教责任。绝不以向家长告状的方式推卸和处理问题，学生课堂上的问题告状推给家长，往往会破坏师生关系，造成亲子关系紧张，结果不仅没有解决问题，还会引发新的问题。但是存在的现象会有专门的报表反馈给家长，家长有责任知悉自家小孩在校的课堂情况。

每个月定期约谈小覃沟通课堂改善情况，我始终坚持着，比如这个月我约谈小覃，小覃会自我评价说："还好。""好在哪里？请具体描述一下。""老师，我上课讲话少了，因为我换了一个位置，周边的小宣和小笑同学他们会提醒我，只要我一想讲话，一趴下睡觉，他们就会拍我，然后我就不讲话、不睡觉了。我觉得我上课更积极了，比如上数学课我会回答老师问的问题了，因为我稍微听了一下课，我发现也没那么难了。爸爸给我买了英语的点读笔，上英语课我就可以用点读笔看懂英语了。数学和英语不会的地方我会问小宣。"

"小覃，虽然你上课还会想讲话和睡觉，但是情况已经有所改善，朝着更好的方向发展，我发现你发现了学习的奥妙——'越听越会''越问越会'。而且老师发现你身边的同学、家长和老师都在关注着你、支持着你，并对你有所期待。"小覃听着我说这些话的时候眼睛在发着光。"那老师最后再问你一个问题：为了使你能够继续保持这种好的状态和趋势，你觉得还需要什么品质呢？"小覃毫不犹豫地说："坚持、珍惜。"我说："我们今天的谈话很愉快，下次老师还会约你聊天。"我此次的跟进谈话在小覃清脆的"林老师再见"的告别声中结束了。

【我的思考】

采用和善而坚定的正面管教，高效的沟通方式，我们不会觉得学生问题的出现是个麻烦，不会觉得处理起来很疲惫，相反，我们会觉得得心应手，身心愉悦。

著名教育学家苏霍姆林斯基在他的著作《相信孩子》里面这样写道：希望年轻的教育工作者在平常的教育工作中能够遵循原则，从在学校工作的第一天起，就要善于发现，并不断巩固和发展儿童身上的一切好的东西。任何时候也不要急于去揭穿儿童的不好的、错误的行为，不要急于把儿童的所有缺点公之于众，而应当让儿童发挥内在的精神力量来克服自己的缺点。让集体看到的首先是每个儿童的优点，这才是育人的艺术所在。对儿童无微不至的关怀，并不是原谅他们的一切缺点和错误，也不是对他们的错误进行毫无休止的教……真正无微不至的关怀，应该是培养儿童优秀的道德品质，并不断地使这些品质得到巩固。

愿每个在成长中出现问题的学生都能被温柔以待，重拾信心。

学生沉迷网络，怎么办？

深圳市宝安区实验学校　郑清晓

【案例描述】

　　刚开始这个班的教学的时候，我就注意到了小凯。他面容清秀，却总是顶着一个乱糟糟的"鸡窝头"。快一米八的大高个，却总是佝偻着坐在角落。上课时常常在打瞌睡，但遇到感兴趣的话题时，却能很积极地接腔，对相应知识点的反应也很快。这样的一个"矛盾综合体"，让我好奇，也觉得可惜。我找到班主任，询问小凯的具体情况。一提到他，班主任满脸嫌弃："他啊，叛逆得很，在学校要么玩手机，要么睡觉，都不学习的。"我听着这话，回想起小凯在课堂上偶尔出现的神采飞扬，却觉得惋惜。

　　第二年，我担任了这个班的班主任。第一次做班主任，就做"后妈"，还是毕业班，我心中既庆幸，也有紧张，庆幸这是一个已经既定运行的班级，相对稳定；紧张的是我作为新手，面对问题来临的时候，我能否及时并恰当地处理呢？

　　俗话说，"新官上任三把火"，这"第一把火"我还没点亮，就自己着了。英语老师找到我，气呼呼地说："这个小凯怎么回事？都毕业班的学生了，上课竟然还睡得着觉！"数学老师说，小凯课上和同桌侃大山；语文老师投诉小凯的作业总是不交……

　　被这么多位科任老师轮番投诉，我决定加强巡逻，重点观察小凯的课堂表现。几次课堂巡班，我都看到小凯要么两眼无神逐渐开始"摸鱼"，要么在桌上趴着呼呼大睡，总需要同学或是老师提醒他。

　　课间，我把小凯叫来，看着他睡眼惺忪、头发糟乱的样子，我说："你知道老师因为什么叫你过来吗？"他稍一思忖，立刻反应过来："老师，我就是昨晚睡得太晚了，我保证以后上课一定不打瞌睡。"看着他明显敷衍的表情，我没有多说，叮嘱了他几句就让他回去了，望着他如释重负的背影，我决定了解后再行动。

我翻开家校通讯录，拨通了小凯妈妈的电话，向妈妈说明了孩子的在校表现后，小凯妈妈告诉我，原来小凯还很小的时候父母就离婚了，法院判决小凯跟着爸爸，小凯进入青春期后，沉迷网络游戏，常常因为打游戏和父亲起冲突，父子关系十分紧张，便搬出来独自居住，平时主要和妈妈联系更多，但妈妈平时工作繁忙，很少有机会和小凯碰面，更别说坐下来深入谈心了。

小凯每天睡不醒的谜团解开了——沉迷网络，每天都要打游戏、刷视频到深夜，甚至已经严重影响到家庭关系以及学习状态。这样的作息，如何能保证第二天上课的学习呢？

【案例分析】

导致学生沉迷网络的原因是多重的，甚至是长期的。

首先，沉迷网络，实际上是对虚拟世界的流连，说明学生能够在虚拟世界中获得成就感，比在现实中获得的成就感更多，或是更容易。通过观察小凯和同学的交流以及和小凯的沟通，我发现小凯沉迷的几款手机游戏，都是当时同学之间流行的，而小凯在游戏中的"段位"不低，同学们都愿意和他请教打游戏的方法。我观察到，在和同学们讨论游戏的小凯一改平时懒洋洋的姿态，双眼放光，神采飞扬。

许多孩子沉迷网络的原因之一是对现实世界的不满，转而将情感寄托于网络。在和小凯的沟通中，我发现他使用手机频率极高，难以自控，除了打游戏之外，他也花费了大量的时间在短视频软件上。

在和小凯妈妈沟通的时候，了解到小凯虽然从小和父亲一起生活，但父亲工作忙碌，常常以金钱的方式满足孩子，却很少真正了解小凯需要什么，父子之间交流甚少，这样的关系随着小凯进入青春期以及父亲重新组建家庭，父子之间的冲突越来越多，家庭矛盾日益激烈。

和小凯交流的时候，小凯提到，有一次上学出门前，小凯早早就准备好了，而弟弟却一直在磨磨蹭蹭不肯出门，当爸爸出房门的时候，看到还没做好准备的兄弟俩，就想当然地认为是调皮的小凯不愿上学，将他痛批一顿。而这样的误会常常发生，次数多了以后，小凯的态度从一开始针锋相对、大吵大闹，慢慢地封闭起来，用"无所谓"的外壳将自己包裹。

而小凯的妈妈在离婚后就远赴外地，两人很少见面。平时基本都是电话联系，而当小凯进入青春期后，两人之间联系次数也减少了。虽然曾经和妈妈一起居住过一段时间，但平时妈妈工作也很忙，母子之间的沟通也难以敞开心扉，不久妈妈就被小凯以"一个人住惯了"为理由"请"了出去。

在对小凯观察与沟通的时期，我翻看了小凯过往的成绩单，他的成绩一直属于中下游，再结合平时观察到小凯在课堂上的表现，可以得知小凯在学习上也是较难得到正向反馈的，长此以往，越是学不懂，越是不想学，让小凯形成了习得性无助。

以小凯为例，青春期的孩子对于同伴的重视程度是非常高的，小凯着迷于网络游戏，是希望通过这样的途径来加强自己与伙伴的交流，得到虚假的自我满足感；而父母的离异与对孩子关注的缺失，让小凯在青春期逆反情绪较为严重，与家庭冲突多，甚至封闭自我。同时，在学校的学习中，小凯的学习成绩一直落后，越是落后，越是打击孩子的自信，导致最后小凯在家庭中得不到足够的关爱，在学校学习过程中得不到足够的正向反馈。对现实的不满，也加速了小凯对网络的沉迷。

【解决措施】

根据我对小凯的观察以及了解，我准备从以下三个方面着手——以情入心改态度、良好氛围塑环境、家校社合作促共赢。

（一）以情入心改态度

我再次找来小凯，他表情淡漠，满眼戒备，像个准备炸毛的小刺猬。看着大冬天的他还只穿着单薄的校服外套，我问他："你不冷吗？"他一耸肩，无所谓的笑笑说："不冷啊。"我拉出他揣在裤兜里的手，冰凉。他不好意思地抽回手说："早上出门急，穿少了。"我顺势而上说："老师很高兴听到你说出门着急了，说明你重视上学，喜欢学校，对吗？"他听了，愣了一下说："嗯，我觉得在学校比一个人待着开心。"我说："可是我看到你在学校大部分时间都是在睡觉呢，同学们都给你封为'睡觉教主'了。"他挠挠头，小声地说："老师，其实我也着急，我也想学习，可是我上课都听不懂，太难受了。"我说："听不懂是因为你目前基础薄弱，但因为听不懂就放弃，这就是态度问题了。你说对吗？"小凯沉默了一会儿，抬起头说："老师，你说得对。"看着他亮晶晶的眼睛，我趁热打铁："那你觉得应该首先从什么方面去改变？"他说："我上课不睡觉了。"我说："据我所知，你上课睡觉不仅是因为听不懂，晚上玩手机玩得很晚也是原因之一，如果不解决手机问题，你每天犯困也是必然的。我建议你周一到周五都把手机控制起来，保证休息，能做到吗？如果不行，老师可以替你再想办法。"小凯说："好的，老师，我会努力做到。"

（二）良好氛围塑环境

对待沉迷网络的学生的问题，并不仅仅是对个人行为问题的改善，更要为其所在环境打造良好的、积极的氛围。在日常的教学当中，课堂上，我会特别注意小凯的状态，如果有要打瞌睡的迹象，我会迅速走到他旁边提醒他；对于小凯每一次在课堂上的良好表现特意大声表扬，积极地进行正向强化，培养小凯的学习热情与自信心。在课间，我也常常深入观察小凯和同学们之间的互动，参与、引导他和同学们之间讨论的话题，借助鼓励的话语、伙伴的正向力量，为小凯塑造积极向上的环境。

（三）家校社合作促共赢

新修订的《中华人民共和国未成年人保护法》中针对未成年人沉迷网络的问题，新增"网络保护"专章，明确规定政府有关部门在预防和干预沉迷网络方面的职责，以及父母或者其他监护人、学校、网络产品和服务提供者各方面预防沉迷网络的义务。青少年沉迷网络问题是当今社会重视的，更要科学、理性对待，未成年人网络保护需要家长、学校、社会等多方合力。

我和小凯妈妈经过深入交流后，妈妈决定暂时放下工作，回到深圳陪伴孩子走过这学业上关键的一年，也表示会和他爸爸多沟通。而关于孩子网络沉迷的问题，如何减少孩子使用手机的频率，如何教孩子更科学地使用网络，小凯妈妈也在我的建议下向社区工作者寻求专业的帮助。社区相关工作人员也迅速反应，和校方、小凯妈妈都取得了联系，为小凯的成长提供专业的个性化指引，在家、校、社三方面的共同努力下，小凯和妈妈关于手机使用问题达成了君子协定：周一至周六每天可以使用手机一小时，其余时间交给妈妈保管，周日的时候自由使用。

【后期效果】

在度过一段磨合期后，我发现小凯上课睡觉的次数显著减少了，老师们也反映小凯在课堂上开始主动参与学习，积极回答问题，作业不交的次数也变少了，学习态度端正多了。在课间转班的时候，我看到小凯和同学们凑在一起聊天的话题不再仅仅围绕游戏，也开始讨论起学习问题，甚至还会因为和同学争论一道题的解法互相不服气，而跑到办公室来向老师求教。

和小凯妈妈联系回访的时候，小凯妈妈说，虽然孩子拿到手机有时候还是会因控制不住自己而超时，但基本上也能够遵循约定，不再像以前一样放肆沉迷。

【我的思考】

我们这一代青年人，一路见证互联网从诞生到发展直至今天的信息爆炸。作为这个时代急剧变化的见证者，身处时代洪流中，很多人都难免迷失了方向。而生于腾飞，从小畅游在网络的新时代学生们，网络对于他们来说，已经成为生活的一部分。因此，近年来，网络沉迷问题不仅仅需要家庭教育、学校引导，更需要社会的关注与介入。

作为德育工作者，我从小凯身上看到的不仅仅是他一个人的问题，更是新时代孩童对于新时代教育的新要求：面对问题不能平面化解决，"头痛医头，脚痛医脚"的心理是不可取的。同时，对待学生沉迷网络的现象，要有"刨根问底"的决心，只有把根源找到，了解学生真正的需求，才是我们应该开始解决问题的时候。最后，要有静待花开的耐心，德育工作不是一句话，一次对谈就能完成的，是一个长期的逐渐转变的过程。

学生之间发生冲突，怎么办？

深圳市福田区外国语小学（景秀） 程楠

【案例描述】

从三年级到五年级，我作为班主任，带这个班已经有两年多的时间了。班级里49位同学，从我接班的那天起，一直以来都相处和谐。整个三四年级班级氛围都非常融洽，学生们友好相处。但是随着年龄的不断增长，进入五年级后，学生到了前青春期阶段，同学之间互相打闹的情况逐渐增加，冲突层级也不断升级，甚至出现了在课堂上大打出手的局面。

关于发生冲突的频次，不同学生也有不同的情况。有些孩子可能是偶发性的一次两次，但有些孩子却多次与同学起冲突，并且有暴力解决的倾向。比如小孙和小高两位同学。

小孙是班级里的活跃调皮分子，从小就比较活泼和喜欢恶作剧，但那时候最多也就是做一些扰乱课堂纪律的行为。可自从到了五年级，整个人变得容易有过激行为。

比如在一次下课跟同学玩游戏的时候，他不小心碰了小高同学的玩具，小高同学就说了一句脏话，小孙同学回手就推了他一把，然后两个人就扭打在一起了。幸好周围的同学们及时反应过来，赶紧好言相劝，才将小孙和小高拉开。虽然因为这件事情，我已经私下教育了他们两个，并且让他们俩互相向对方道歉。但是我依然很困惑，这么小的事情，怎么就刺激了两位同学动手呢？

除此以外，我还收到了科学老师的投诉。上课期间，小孙同学觉得位置特别拥挤，就直接把椅子往后推，导致后面的女生空间变小，坐得不舒服。于是，女生为了报复，课后就在小孙的书包上贴上了"孙大傻"的标签，同学们看到后都哈哈大笑。小孙同学恼羞成怒，不仅掀掉了女同学的桌子，把她的书包扔到了地上，还对着女生大喊大叫说："你才是大傻子。"

类似的事情，或大或小地出现在班集体里。我逐渐意识到班里学生面对冲突的解决方法都太单一和暴力了。

更让我意识到事情严重性的，是小高同学接二连三的暴力行为。他一直温和有礼，读书也认真用功，可自从与小孙同学的摩擦过后，整个人好像换了一个性格，变得冲动易怒，动不动就想暴力解决事情。小到摔笔摔书，大到与六年级同学打架，反正就是与老师、同学的冲突不断，学习生活受到了严重困扰。

我明白到，进入高年级的学生们，不仅学的课本知识升级了，他们对冲突的认知与处理，也应该要同步升级。不然，频繁的冲突与过激的应对方式，将会成为他们成长中无法跨越的障碍。

【案例分析】

与同伴之间的冲突是所有学生都会遇到的问题。班主任作为学生在学校社交生活中的重要参与者，可以说在冲突解决这件事情上责无旁贷。首先，我没有足够重视学生性格上的转变，以为这只是成长的小插曲，误判了冲突事件的重要程度。其次，我没有用发展的眼光看待孩子的成长，没有对如何避免冲突、如何解决冲突等问题进行提前引导与教育。当然，在这个过程中，我还对学生可能在原生家庭中遇到的问题设想不足，从而无法及时识别学生的心理变化，帮助他们疏导情绪，最终导致冲突不断。

此外，当学生之间的冲突正式发生时，作为班主任的我，理应第一时间制止与缓解局面，尽量倾听冲突双方的声音，了解、还原事件本貌，并在事后做好相关心理安抚工作，及时与家长取得联系，说清楚情况。但遗憾的是，由于当时自己没有正确认识事情的严重性，只是对冲突事件做了单一处理，并没有进行深层次的全面思考与研究，使班级集体的"不和谐"声音进一步发展，学生们冲突不断，班规等制度无法起到制约作用。

五年级的小学生年龄基本在10岁左右，正是自我意识和竞争意识都逐步加强的阶段，更是个人情绪与情感的突变期。在这段时间内，学生们对很多问题的看法，以及处理事情的方法，与四年级相比都发生了较大变化。如果家长、老师没有意识到这点，也没有给予他们适当的指引，他们就很有可能无法排解这些情绪，并深陷到各种冲突旋涡中，最终对个人的社交能力、学习能力等造成无法逆转的伤害。

为了尽可能降低以上情况的出现，班主任要密切关注班级里每位同学的成长动态，了解他们情绪变化的缘由，跳出"治标不治本"的陷阱，学会从更高的层面来思考学生的心理变化，从单纯解决"冲突原因"，逐渐转为引导"避免冲突"，帮助学生平稳地完成从中年级到高年级的过渡。

总之，通过梳理并分析班级同学们对冲突的不合理解决方式，我意识到两点：第一，要帮助学生解决冲突，最根本的方法是通过教育给予他们具体的指引，让他们不仅能正确认识冲突，也能学到相应的解决办法。第二，处理学生冲突需要家校协商共育。父母对影响学生的行为，以及指导学生在家庭的行为规范，都至关重要。

【解决措施】

1. 建立"班级法庭"，让学生直面冲突

关于"班级法庭"，我分为了前期调研及正式举办两个阶段。

在前期调研时，为了更有效地掌握班级情况，我私下委托班长帮忙观察同学之间的相处，比如班级里哪些同学更容易发生口舌之争，哪些同学喜欢暴力解决问题等。与此同时，我还尝试让班长或其他班干部出面调解小型冲突，再向我汇报冲突出现的原因和解决情况。我自己做好记录，也会在暗中重点观察同学们的发展。

到了正式举办阶段，我通过角色扮演的方式，让全班同学都参与到"班级法庭"这一活动里面。由班主任担任法官，班长担任审判长，副班长担任书记员，小组长担任审判员，冲突事件中的双方学生作为原告、被告出现，其他同学作为旁听人进行旁听。

"班级法庭"的流程，是先邀请冲突双方的学生，从自己的角度把事情重新讲一遍。然后讲述的双方，根据对方所讲的，提出自己的意见。接着由审判长、审判员以及旁听人，基于冲突双方提出的事实进行讨论。在这个环节里，我会向同学们提问，比如你觉得他这样做对吗？你会怎么做？你觉得有更好的处理方法吗？

经过热烈的讨论后，我作为法官，会在"法庭"结束前将所有意见汇总，并对这次讨论的冲突事件进行总结。同时，我也会留下课后作业，让全班同学写复盘笔记。笔记中，我要求他们将冲突的原因、过程，以及不同学生的应对方式、自我的看法和更好的建议全部都写下来，希望他们能通过这样的笔记对冲突事件形成一个系统认知。

2. 召开"如何面对冲突"的主题班会

班级法庭是从"点"上突破同学们对冲突的认知，而主题班会则是从"面"上帮助集体重建和谐氛围，从根源上尽量减少冲突的出现。

在主题班会上，我首先做的事情是情景再现，邀请同学以小剧场的形式将冲突事件表演一遍，并在表演结束后设置提问环节，提出像"桌子被弄脏了和打架，你们觉得哪件事情更严重"这类问题，引导同学思考。

接着，我会告诉学生们一些"化干戈为玉帛"的处理方法。比如，如果不小心发生碰撞，那可以先主动道歉，然后通过礼让别人先行来降低发生冲突的可能；也可以用真诚沟通的方式来化解，像是同学做了一些惹你不高兴的事情，你应该直接说出来你不喜欢的点，让对方明白你会生气，从而停止行为。

最后，我让全班同学写出心里话，把曾经和同学发生的冲突都写下来，课后送给对方。在这样的互动中，之前曾在小孙同学书包上写"孙大傻"的女生，就写了这样一段话："我也不是想骂你，只是当时你疯狂向后弄椅子，把我吓到了。我当时内心特别生气，但我也不应该骂你，对不起。"让人欣慰的是，收到心里话后的小孙同学，一下子被女生的真情所感动哭了起来，并直接跟女生说:"对不起,我不是故意吓唬你的,我确实做错了,下次我提前跟你说。"

冲突并不可怕,可怕的是我们无法帮助学生正确认识与应对它们。因此,通过主题班会,全班同学都能正确看待自己的行为,并且意识到如何避免冲突。

3. 家校协作,关注孩子内心成长

孩子的成长离不开家校合作,引导孩子解决冲突就更离不开家长的示范作用。为此,在家校协作上,我展开了两条路径。

第一条路径是"应对冲突"的主题家访。在家访过程中,我发现小高同学性格上的转变,源于他在家遭遇了父亲的暴力对待。在饭桌上被父亲摔筷子,或者因为失误被打,这些暴力行为,让本来就处在情绪性格突变期的小高受到了很大刺激,整个人情绪非常不好,可是又因为母亲工作的原因,无法得到有效倾诉。所以他就把这些坏情绪带到学校,并因此造成了各种冲突。

第二条路径是在家长会上,设置"父母如何正确引导孩子解决冲突"的主题讨论,并提出了"家庭会议"的倡议。

讨论会上,我首先和家长们分享了班级里同学们的表现,同时也向他们讲述了之前主题家访中自己的一些记录和感悟。接着在我的提议下,家长们进入了分组讨论。我给每个家长小组都发了一个案例,案例是之前班上学生们起的冲突,然后让家长们共同讨论20分钟,讨论如何正确引导孩子,最后每个组选取一个家长代表发言。

在这样的有益讨论中,我和家长们达成了共识,必须从家庭开始,对孩子应对冲突的行为做出正确引导。因此,在我的建议下,由家委牵头,我们班提出了家庭会议协商制的倡议,如果家庭内部发生矛盾或冲突,家长们可以采取家庭会议的形式进行沟通,万一有很难沟通的情况,可以直接寻求家委或班主任的帮忙。同时,家委还将以月度的形式,对各学生家庭沟通情况进行总结,以及和班主任进行交流。

【后期效果】

1. 典型学生如小孙、小高的问题得到根本改善。小孙认识到自己应该如何与人相处,而小高则通过与父母的有效沟通,实现了情绪缓解,大幅度减少学校生活中的冲突,回到了认真学习的正轨上。

2. 全班学生在解决矛盾、应对冲突时的技巧与能力得到明显提升。即使遇到了不可避免的摩擦,也开始尝试用更有建设性的方法进行协商。如果冲突仍然发生,学生们会在冲突解决后,自行通过班会上的"写心里话"形式,与同学恢复友谊。

3. 班级氛围发生了积极转变。原来集体内部的指责氛围逐渐褪去,取而代之的是和睦友善、友好沟通的氛围。这为孩子们创造了一个明朗、阳光的社交环境,让他们更愿意社交,并从中享受到同龄社交的快乐。

总的来说,学生处理矛盾冲突的能力得到进一步提升,能独立自主地应对和解决问题,并且拥有开明的社交心态。

【我的思考】

不管是大人,还是孩子,冲突这件事在所有社交生活中都无法避免。作为孩子踏入社会、实现同龄社交的训练场,学校里的生活是孩子们认识冲突、解决冲突的重要课堂。因此,作为班主任,要积极引导孩子正确看待矛盾,并学会有技巧地避免冲突。这其实也是我们在日常生活中需要修炼的技能。我觉得自己非常幸运,能够持续与学生共同学习、一起成长。

学生心态篇

学生考试太焦虑，怎么办？

深圳市宝安区官田学校　宗佳

【案例描述】

新冠疫情在这届八年级孩子的身上留下了难以擦拭的印记，正处在青春期的他们既要面对来自生理、心理、环境的重大变化，又要承受更多来自学业、人际关系、家庭等方面的压力，社交恐怖症、焦虑症、强迫症、抑郁症等心理状况在越来越多的孩子身上隐现，作为一名八年级的班主任，我明显感觉到班级孩子们的情绪心理发展很不稳定，容易表露出沮丧、失意、不满、焦虑等负面情绪。甚至还会在某些孩子的手臂上看到他们自己用小刀划伤的痕迹，那一条条深浅不一的伤痕无不刺痛着我的内心。作为班级的组织者、领导者和教育者，我细心关注着班级每一个孩子的日常表现，但我发现，疫情所带来的转变着实让很多学生在应对校园生活时变得意志薄弱、情绪敏感。本该鲜活灵气的少年们，却越来越寡言少语，我私下和很多情绪不定的孩子做了心理沟通，但总是好了几天便又回到原状，着实让我很无奈。心里不由得暗自思考，我该做些什么，才能更好地了解他们面临的压力状况，指导和帮助他们正确处理与心理压力有关的各种问题，培养孩子们积极的心理品质，挖掘他们的心理潜能，预防和解决发展过程中学生的心理行为问题，维护与增进其身心健康水平呢？

【案例分析】

疫情期间，期中考试的加持，学生躁动不安，焦虑沮丧，抑郁敏感，这都让我真实地感知到学生心理状态的显著变化。青春的笑颜与朝气在孩子们的身上不再随意可见，耐心走近倾听之下，心理压力已然是孩子们身上背负的一块重石。如何让他们及时释放内心的压力，积极乐观面对生活？追本溯源，要想解决我心中的这般困惑，找到解决这一问题的办法，前提是我得先了解孩子们身上出现的心理压力有哪些，这些心理压力主要是什么原因造成的。于是，我开始寻找合适的契机去走近、探寻学生的心理。无独有偶，疫情复课后不到一个月，我们学校进行了期中测试，我班很多学生在这次测试中成绩波动比较大，对他们心理造成的冲击也比以往更大，绝大多数学生对自己的学习成绩感到不理想，学习情绪低迷，信心不足，感觉压力重重。于是，我在班级发放了"学习压力自测调查表"，让孩子们匿名填写。后续通过对班级学生"学习压力自测调查表"的数据统计，我发现我班学生学习压力大的学生占比 36%，学习压力中度的学生占比 55%，学习压力弱的学生占比 9%。数据表明我班 91% 的学生学习压力在中上程度，较少的学生压力较弱，且面对一个月后即将到来的期末考试，学生的心理负荷更是与日俱增。当然除了学业的压力，问卷调查结果显示，同学竞争、老师和父母的期望及自我要求、挫败经验等也是让学生考前焦虑的主要原因，种种因素的叠加，疫情对学习方式的改变与冲击，让学生焦虑情绪逐渐严重，急需要我们给予正确的疏导和指引。

【解决措施】

通过前期调查和分析，我和学校几位经验丰富的班主任及心理老师一同商量，决定开展一次以前从未尝试过的心理班会课，在确定心理班会课主题前，我们各抒己见，分别抛出多个主题和方法路径，经过思维的碰撞，去其他班级尝试着实践等，最终我们终于将心理班会课的主题确定为"当压力来敲门"，希望以一种释放舒缓的方式真正打开学生的心扉，让学生在觉察、体验和交流中，学会多维、动态地解读自己的学习压力状态，自主挖掘学习压力背后的积极意义，习得积极应对学习压力的方法，从而增强心理韧性。

我将这节心理班会分为四个环节进行：

环节一：问题导入，积极感知。我首先将班级学生分为六个小组来玩游戏，以幽默有趣的方式引入"压力"这一话题，让学生在游戏中消除紧张，放松戒备，用愉悦的心情快速进入课堂、融入整个班会活动。问题导入，直接入题，利用压力数值表更形象直观地展现班级同学目前的学习压力状态，既让老师快速初步了解学生的学习压力状态，又让学生感知到学习压力人人都有，从而更坦然地正视学习压力，敢于真实地表达自己的压力情绪。接着通过"压力来敲门"这一游戏，让学生在表演与观看中感知学习压力的同时，明晰产生压力的原因，为后续寻找应对策略埋下伏笔。以情景剧表演让学生了解学习压力的由来以及不同的心理行为表现，从而激发学生探寻减压方法的兴趣。这一环节中，我一开始就设计让孩子们从热身游戏玩乐中放下戒备心理，欢乐的背景音乐加上快节奏的游戏环节，很快就让孩子们抛却了课堂负担，在课上自在地玩了起来。因而，在后续的表演环节中，我显然能感觉到他们比平常更活跃，更主动，也将课堂的气氛一步一步推向高潮。

环节二：拥抱压力，积极认知。压力对学习是利，还是弊？针对此问题，我在课前提前布置学生搜集佐证自己观点的材料，再在课上通过让学生自主辩论，积极营造开放的课堂氛围，为学生的成长性思维赋能，使学生在自我思考中清晰认识"如何积极接纳以及辩证看待学习压力"，既能让孩子在辩论中辩证看待学习压力，坦然积极地接纳压力，还能在体验与感悟中，将他们的感性认同升华到理性认知——人人都要面对压力，学习压力并非都是负面的，它的背后亦藏匿着许多积极意义，因而我们需要用成长型思维看待学习压力。在此环节中，孩子们在相互合作搜集资料过程中不仅增强了团队合作意识，同时也在辩论中不断地强化自己对压力的理性认识，"理越辩越明"，对于压力重重的他们在切实地感知客观事实及名人事例后，他们更深刻地自我觉察到压力的普遍性以及怎样化弊为利让自己从压力中汲取积极的力量，赋能成长。

环节三：采集锦囊，积极应对。我通过采访班级中的"开心果"，让大家在采访中向身边的同学探寻有效的减压方法，接着利用班级文化墙设置的

"留言箱",以班级同学的真实学习压力困扰为问题情境,让同学们进行方法讨论,齐聚智慧,共同商讨调适其学习压力的方法,在探讨中强化面对学习压力的应对能力,从而建立积极自信的学习观,奔赴更好的自己!在这个环节中,孩子们身边的"开心果"原本就是在班级中人缘和号召力都不错的同学,因而他(她)所给出的减压方法很快就被同学们认可且采纳,从而无形之中用一种轻松交流的方式触动他们对压力的正确认知并增强他们内心应对压力的信心。

环节四:环环相扣,积极回应。当学生在正确认知学习压力和掌握积极应对的方法后,我让学生再次表演"当压力又敲门",不仅也让学生在表演中将压力进一步释放,同时也与课前开始的"当压力来敲门"形成情绪表达反差,感受学生经过本节课的体验后是否对学习压力有了更乐观积极的态度,鼓舞班级同学面对学习压力,更勇敢地接纳,更阳光地面对。最后再通过改换课题让学生将积极的心理状态进一步深化,从而减轻心理压力,树立快乐学习的意识,赋能自我,阳光、乐观、自信地面对学习生活。在此环节中,最让我感受深刻的就是学生在这次的表演中已经完全放松下来,敢于自己应对压力的真实状态展现在大家的面前,尤其是在最后该课题的环节,很多孩子将其改为"当压力来做客""当压力来串门""当压力来电话"等等,轻松愉快的气氛让我清晰地感受到孩子们在这节心理班会课中学会了正视压力,释放压力。

一堂心理班会课并不能完美完成学生思想的蜕变,坚定学生突破自我,完善自我的意识,还需要后续活动的推动和强化。"伟大的思想只有付诸行动才能成为壮举。"因此在这节心理班会课后我又设定了两个活动来深化学生的内心体验。

首先,我在这节班会课后"趁热"引导孩子们写下了自己的"压力心语",让孩子们真实地吐露自己的压力,正视自己的心理状态,并明确后续面对压力的正确方式,保持乐观阳光的心态。其中小菲就在自己的卡片上写道:"我原以为学习压力是我反感逃避学习的缘由,但现在才明白优生竟然也有不小的心理压力,但他们很勇敢地选择了面对,并且不断地催生出满满正能量,我也要像他们一样,压力来了,我不怕……"小喆也在自己的卡片上写着"我很努力地学习,但努力并未让我赢得我想要的成绩,我总是痛苦纠结自己的问题出在哪儿,但现在我更多地感知到了也许并不是我不够努力,而是我给自己的压力让我失去了平和的心态,无法以平常的心态发挥出自己的优势。我以后要卸下过重的心理压力,重新出发!"

其次,我还开设了线上"压力帮帮团"论坛,学生可以匿名在线上倾吐自己的压力,其他同学以及我所邀请的一些班主任和心理老师可对其进行压力疏导和解压方法指引,及时给予有需要的孩子帮助。我和老师团队们首先匿名用学生的口吻在论坛里发表了一些"求助"信息,果然有学生开始在下面留言互动,简单的"破冰"之后,学生们开始渐渐愿意袒露心声,在线上互帮互助,既为不少的学生找到了一个宣泄压力的出口,又集合了更多人的智慧,拥有了更好应对压力的方法,之后班级同学们的精神状态明显有了改善,笑颜又重新回到了孩子们的脸上。

【后期效果】

心理班会中孩子们既放松了心理防备,愿意真实地吐露自己的压力心声,又在愉快的合作交流中找到了更多释放压力的方法,大家开始平和地正视压力问题,同时可以在面对日后的考试时,逐渐摒弃过于焦虑的情绪,用课上习得的调节方式更积极坦然地调整自己的心态,同时后续延伸的活动进一步强化了学生积极应对压力的意识,让学生明确自己的奋斗方向,真正高扬奋发向上的旗帜,深化自立自强的观念,实现我想要达到的目的——强化学生的阳光、乐观、自信心态,并用思想动力推动他们奋发向上、自立自强,调整心态,让疫情期间的心理问题得到最佳调适!

【我的思考】

班会课程应该从何而来?应该从班级学生切实的学情而来。作为一名班主任，我也会在日常生活中对学生进行心理建设工作，但却缺乏心理老师那般专业的心理辅导技能。说实话，对于并不怎么懂心理学的我，对心理班会课从未有过涉猎的我，真的是在迷茫中挣扎了许久，愚笨迟钝，所以在准备这节心理班会课时，我邀请了学校有经验的班主任和心理老师齐齐加入，团队共同商讨打磨，不断修改调整活动环节，以求用更直观有效的活动形式真正地让学生打开心扉，正视压力，面对压力。所幸与伙伴们边摸索边领悟，亦步亦趋，终是守得云开见月明，在心理班会上算是有了一点点知识的"下沉"。此段准备课例的历程，让我突然想起了我特别喜欢的一位语文老师王君。她曾在《班主任，青春万岁》中说道："如果我们愿意雕刻一样东西，即使困难再大，无法雕刻成精品，那也应该是初具雏形。"

诚然，在活动中感受更为强烈的便是被自己的学生所打动。他们的热情赤诚，他们的天真洒脱，他们源自内心的独特思考等，无不散发着青春之光辉，耀眼夺目。真正作为一个观众，我才感受到了他们最真实的样子，实在可爱。而我，平日忽略了太多生活藏匿的美！有幸于这样一个机会，更深入地看到了自己，看到了自己的学生，看到了未来的方向。好的班级活动应该是以学生的直接经验为中心，以学生为主体，更注重学生个人的体验。"灵动""人性"这两个词应该是我们老师不断追求和关注的东西。

我们平日习惯了传统思维，喜欢将自认为正确的价值观附加于学生身上，而忘记了大多数孩子都知道判别正误，他们更需要的是被接纳、被理解，需要的是精神力量的注入，需要的是自主感知和自主建构。好的班会也好，活动也罢，都应该是能够自然看见每一个学生的想法与生活，而不是只听见教师声音；是能够产生个人自我体验和情感共鸣，而不是教师灌输遥远的他者体验；是能够在新体验中获得新领悟与新力量，而不是麻木面对生活"照本宣科"却忘了溯源求因。我们当用人性的眼光发现人性之美，挖掘人性之美，成就人性之美！最后，我也一直在思考，一节用心的心理班会课定会让学生有相对积极的体验，那这个来之不易的成效，我们班主任该如何去继续强化，厚积薄发？我们是否可以在日后探索一个系列化心理班会，如同学科中的"大单元整合"，最大限度地发挥心理班会的辐射作用？对此，还当且行且思之。

学生出现不良情绪，怎么办？

深圳市宝安区实验学校（集团）海乐实验学校　陈泽晞

【案例描述】

作为二年级的下级行政，通过与班主任们的日常沟通，明显感觉进入二年级下期，孩子们的情绪问题更明显了，平时找班主任处理情绪矛盾的现象变多了。特别是以前就有些调皮的小浩浩，经常控制不住自己的情绪，尤其是当面对自己不满意的事情时，就会变得情绪激动，容易失去理智。他还曾经因为一些小事情打过几次架，让其他同学不愿意和他玩耍。

记得有一次课间，小浩浩在教室和同学玩耍。突然他看到茜茜拿着他喜欢的卡牌在与其他同学玩，他立刻走向茜茜，说："这是我的卡牌，给我！"茜茜看了看小浩浩，然后表示这是别人给她的，并不是他的卡牌。小浩浩却依然认为卡牌是他的，情绪开始变得激动起来。茜茜的态度让小浩浩感到不满意，他强行把卡牌从茜茜手上抢了下来。茜茜很生气，大声地指责小浩浩不能来抢。周围的同学也跟着说这样不对，想去拉小浩浩，不让他跑。他听到其他同学的责备，看到同学们要来阻拦他，情绪开始越发激动了起来。小浩浩很生气，他觉得这是对他的攻击。他觉得他是对的，为什么其他人都不了解自己，还会责备自己呢？这让他越来越愤怒，并且想要把怒气发泄出来，于是气呼呼地走上去准备打架。

后来，有一个同学看到了这个情况，向我报告了这个事情。我和班主任一点儿都不敢耽搁，快步跑向教室。果然看见小浩浩高耸着肩，像一只"斗鸡"一样，鼻子里发出重重的呼吸声，眼睛直直地瞪着茜茜和周围的同学。班主任几个跨步走上去，轻轻地揽住小浩浩，"宝儿，老师看到你在生气，我想把我今天第一个爱的抱抱送给你。这个爱的抱抱有魔力呢……我们一起倒数 10 秒，看看能不能让你平静下来。"魔力抱抱带来了平静的力量。

等小浩浩平静下来后，我主动扮演调解者的角色，询问小浩浩为什么这么生气，并让小浩浩描述情况，以便使问题更加清楚明了。小浩浩开始述说了自己的想法，他觉得茜茜确实拿走了卡牌，甚至还以为茜茜故意夺走了他的玩具。

我告诉他，茜茜拿走卡牌确实是错误的，但是你抢卡牌更加不正确。我告诉小浩浩，在未经茜茜同意的情况下将东西拿走是不礼貌的，就算某个人故意取走了，也不能直接动手抢回来。我建议小浩浩在认为做错的极端情况下，应该先冷静下来，体会一下自己的感觉并且找到合适的方法来解决问题。

小浩浩表明了他自己的感觉，并且很困惑自己该如何控制情绪。我知道让小朋友学会控制情绪是一件非常困难的事情，因此我建议小浩浩，当他感到自己的情绪无法被控制时，可以尝试像老师这样，先数魔法 10 秒。这样，他就可以慢慢地平静下来，找到更好的方式来解决问题。

聆听了我的话，小浩浩尝试让自己冷静下来，逐渐释放掉自己激动的情绪。最后他归还了卡牌，并向茜茜道歉。但我想控制情绪并不是一朝一夕的，还需要不断练习，也需要我们去关注和指导。

【案例分析】

这种情况在小学低年级阶段是比较常见的，这是因为这个年龄段的孩子们已经具备了一定的社交能力，但是他们还没有完全掌握自己的情绪和沟通技巧。因此，当孩子们面临情绪激动的问题时，他们更容易表现出错误的反应，例如打架、抢夺等方式。在这个时期，家长和老师的教育和引导尤为重要，对孩子们的行为做好正确激励和引导，帮助他们建立健康的社交技能和情绪管理技巧。

小浩浩的不良情绪不仅影响他的学习和社交，同时也会对他的心理和生理健康造成一定的影响。下面，我们从生理、心理、家庭、学校等多个角度，对小浩浩情绪化的原因进行分析。

生理因素：

小浩浩处于儿童时期，生理成长不完善，情绪反应较成年人更为强烈，更容易情绪化。当茜茜拿走了小浩浩的卡牌时，小浩浩可能会出现生理反应，例如心率加快、血压升高等，这些生理反应也会导致小浩浩情绪失控。

家庭因素：

小浩浩的家庭环境也可能是导致小浩浩情绪化的因素之一。家庭氛围对儿童的情绪管理有很大的影响，家长的育儿方式和家庭教育对孩子的情绪管理有很大的作用。如果小浩浩的父母经常争吵和打架，或者父母过于溺爱或控制孩子，这些都可能导致小浩浩情绪化。我需要进一步走进家庭，如观察和访谈家长。

学校因素：

小浩浩所处的学校环境也可能对其情绪产生影响。学校环境包括同学关系、老师的教育方式和学业压力等因素，这都会影响小浩浩的情绪管理。小浩浩在学校面临与同学不良的人际关系、过大的学业压力等，也都可能导致小浩浩情绪不稳定，易出现情绪化的行为。所以我需要跟孩子们去谈心，并且与他周围的好朋友聊聊小浩浩平时的情况。

个人心理因素：

小浩浩的情绪失控还可能与他的个人心理因素有关。小浩浩可能存在一些心理问题，例如性格偏执、情绪管理不良等，这些因素可能会影响小浩浩的情绪反应。当茜茜拿走了小浩浩的卡牌时，小浩浩可能会感到自己受到了屈辱和伤害，易出现情绪波动。

社会环境因素：

社会环境也是影响小浩浩情绪的因素之一，社会环境的压力和影响可能会在小浩浩情绪上留下痕迹。比如，当小浩浩看到新闻中出现的惨剧或灾难，或者受到身边人的不良言行影响时，也可能对其情绪有一定的负面影响。

总的来说，小浩浩情绪化的原因可能是多方面的，包括家庭环境、学校环境、个人心理状态和社会环境等多方面因素。针对小浩浩情绪化的问题，我们应该从多个角度进行分析，量身定制解决方案，帮助小浩浩改善自己的情绪管理能力，提高自我控制能力，更好地适应环境和人际关系。同时，家长和学校也需要加强与儿童的沟通和教育，提升儿童的情商和生活技能，为孩子们营造一个健康、和谐的成长环境。

【解决措施】

针对以上的分析，我尝试从以下几个方面来帮助有情绪困扰的学生认识不良行为，转变自己的观念，同时疏导自己的情绪化行为：

一、通过班会课提供情绪管理教育

情绪管理能力是一个人化解负面情绪的能力，班主任可通过班会课帮助全班学生认识情绪：比如通过《我的情绪小怪兽》的绘本，了解我们自己的情绪。明白所有的情绪都是可以被接纳的，但我们可以通过情绪管控技巧来控制和管理自己的情绪。比如，通过呼吸练习、放松训练、情绪转移等技巧，帮助有情绪困扰的同学更好地应对各种情绪的变化，调节自己的情绪状态。

二、建立正向肯定环境

班级文化建设中，可以挂上"解忧篮"，设立"解忧专员"，孩子们有什么不愉快的事情可以写下来，放入解忧篮中，会有专门的同学每天两次拿出来看，帮他们解忧。解决不了的，就转给班主任处理。班主任也须每天看看这些拼音夹杂汉字的"忧伤贴"，掌握学生们的心理动态。同时设立"夸夸墙"，引导学生们留心身边的好人好事，用粉红色的爱心纸写下来，贴在墙上。每次课前三分钟就大声地读给全班听。通过这种方式可以给有情绪困扰的同学带来积极正面的班级氛围，减弱他们感情方面的不安全感，同时建立正确的人际关系。同时班主任也须引导学生去观察每个人身上的闪光点，让有情绪困扰的同学感到自己是受欢迎又有价值的一员，增加小浩浩的归属感，为他提供更多的情绪支持。

三、与家长建立沟通合作机制

家长的参与和支持对于学生的情绪管理和性格发展至关重要。班主任须与家长紧密合作，向家长介绍情绪管理技能和情绪教育的重要性。加强良好性格的培养，提高家庭的协调度，以支持和加强学生的情绪教育。同时，与家长建立良好沟通渠道，了解孩子在家庭中的表现，与家长沟通协商孩子在学习和生活方面的问题。这同样也可以让家长更好地了解学生的情绪状态，更好地支持班级的情绪管理计划。

四、在教学中体现情绪能力培养

在班级的班会和各类课程中，教师可以通过一系列剧情演绎、角色扮演、游戏活动等方式，让学生体验多种情感状态并进行分析归纳。教学活动中帮助学生提出感受，一方面积累情感语言，便于表达情感，另一方面帮助他们深入了解情感、理解自己和别人的行为、建立他人的社会情感，从而提高情感智能。

【后期效果】

情绪管理能力提高：小浩浩通过学习情绪管理技巧，他的情绪更加稳定，能够更好地控制自己的情绪，避免因小事情产生大情绪。父母感觉他变得更加自信和务实，不再因为一点儿事情就失去控制。

社交能力进步：小浩浩和同学的关系更加和谐，在班级中的表现也更加突出，他成了小组的领导者，在合作中能够发挥出非常重要的作用。同学们感觉他变得更加健康快乐，学会了与别人合作，并能够获得支持和帮助。

学习成绩提升：小浩浩在集体中找到了自己的价值感，他的学习成绩得到了显著提高。老师和家长均认为他进步非常明显，表现更为出色。老师们感觉他逐渐成为了一个有责任感、能静下心的孩子。

内心的平衡感增加：小浩浩学会了认识自己的优点和不足，能够平衡处理自己与别人之间的关系，并更好地接纳自己。他现在有信心面对所有的挑战和困难。父母认为他的性格更加成熟，能够更好地应对压力和不断出现的挑战。

同时，在这个过程中，促进了班级学生的自我认知和情绪管理能力。班级学生能够更好地认知自己的情绪，更好地管理自己的情绪，提升自己的情商。这也提高了班级的凝聚力和向心力。班级学生们通过情绪的认知和接纳，更能体谅和理解彼此，强化了班级学生之间的联系，提高班级的凝聚力和向心力。现在班级的学生打架的少了，更加和谐了。

【我的思考】

帮助学生处理不良情绪是一项十分重要的教育任务，以下是一些思考和总结：

1. 倾听学生的情绪：学生在处理自己的情绪时，最需要的是信任和倾听。作为老师，我们需要尽可能地给学生提供分享的空间和时间，让他们能够表达自己的情绪，了解他们的感受，从而更好地帮助他们处理不良情绪。

2. 引导学生认知情绪：情绪往往会影响到学生的认知和行为，我们需要帮助学生认知到自己的情绪，了解自己的情绪对自己的影响，从而更好地管理自己的情绪。

3. 培养学生处理情绪的技能：情绪是一种需要管理和处理的体验，我们需要教导学生怎么样准确地表达自己的情绪，并运用各种冷静和舒缓的技能处理不那么积极或者积极性很低的情绪。

4. 建立安全的班级氛围：要帮助学生处理不良情绪，我们就必须先在班级中建立安全、舒适和无压力的氛围。只有在这种氛围下，学生才会更好地倾听和分享情绪，从而更好地处理自己的不良情绪。

5. 多与家长互动：帮助学生解决不良情绪，既基于家庭环境因素也基于学校环境因素，为此，我们需要发挥学校和家长的互动能力，共同帮助学生渡过情绪上的困难。

学生遭遇情感困惑，怎么办？

深圳市宝安区实验学校　李博姿

【案例描述】

在八年级的一天中午，我和往常一样早早到教室查看班级的午练情况，发现几名男生正在争抢着传看一个本子，嘴里还说着："这句写得真浪漫啊。"小陈同学在一旁着急的边抢边说："你们快还给我，一会儿老师就来了"。我轻轻咳嗽一声，他们发现我进来了，立即停止手上的动作，快速溜回座位，小陈同学也迅速把本子揣到怀里，满脸通红地回到座位。我看班级安静下来午练，便没有多说，但心里已经开始琢磨，回想小陈这段时间的异样。小陈同学原是非常阳光自信、精力充沛、热爱运动、充满文学浪漫的男孩，从小热爱看书，热衷文学，不管哪科课堂、哪类话题、哪位老师，他都能侃侃而谈，七年级曾和我谈到以后想成为一名文学家，空闲时喜欢写诗，还会把写诗的本子拿给我分享。八年级以来他开始注意自己的形象，喜欢一个人发呆，课堂出现走神甚至犯困的情况，有时候还会一个人呆呆地傻笑，作业敷衍完成，成绩有下滑的趋势，平时总感觉心事重重，有时我瞄到他写诗的本子，他赶紧藏起来怕我看见。凭直觉，我猜小陈的心里开始装着一名女孩，本子里就是写给那名女孩的情诗，我也似乎明白了近来小陈这些异样的真正原因。以我对小陈的了解，这时如果贸然找他，他会觉得我是兴师问罪，反而引起他的不安甚至反感，我决定还是等做好准备再找他。第二天小陈写情诗谈恋爱的事情在班里传开了，同学们议论纷纷，有的胡乱猜测，把和小陈走得近的女同学猜了一遍，有的甚至传起他和一名交往甚密的女同学的"绯闻"。小陈显得非常尴尬和郁闷，但又无能为力，我看到了他向我求助的眼神。

【案例分析】

初中生处于青春萌动的阶段，孩子们遇到情感困惑，对异性产生好感，这是每位青春发育期的男女同学都会有的。这群十四岁的孩子正进入敏感的青春期，情绪丰富而强烈，起伏变化大，难以自我控制，容易走入感情的误区。这个时候如果不加以正确引导，在孩子们身上会出现很多问题，如：焦虑、郁闷、敏感、善变、逐步走向消极等。像小陈同学原本无处安放、不敢宣扬的青春萌动，只想通过写诗来倾诉自己浓烈的情感，结果被同学发现后不仅引来大家的非议，甚至被夸张处理变成谈资或者"绯闻"，令他非常尴尬和郁闷，无形中也伤害到其他同学，更给班级带来不良影响。

现在初中生情感困惑的形成主要有以下几方面原因。

1. 青春期发育

青春期发育期间的孩子们开始关注自己身体的变化，对性知识特别感兴趣，对异性有强烈的交往欲望；比较注意自己形象，更关注异性同学对自己的评价，也尝试与异性交往，但是在交往过程中心理变得很复杂，一方面渴望接近对方，另一方面又很害怕别人发现，结果，交往过程神神秘秘，羞羞答答，反而显得别扭。一般情况下，他们并不是真正意义的恋爱，只是彼此有共同的语言，喜欢一起交流和彼此欣赏。对由于和异性同学的交往而引发的"绯闻"如果处理不当，会给学生造成严重的心理负担，直接影响其学习和生活。

2. 媒体的影响

大众传媒在现代社会生活和日常生活中占据越来越重要的地位，对于伴随着书刊、电视、电影、网络成长起来的学生来说，众多媒体已经成为他们生活中不可或缺的一部分。但是媒体除了正面、积极的作用外，还有消极因素存在。随着计算机网络技术的普及，越来越多的学生迷恋网络游戏、小说、漫画，他们善于模仿电视、电影、漫画里的"恋爱"情节，这都会直接影响学生的心理和行为。

3. 同学间的不良影响

初中生之间聊天时常会说"你喜欢谁?""某某喜欢你!""谁喜欢上某某了!"而且他们认为这似乎就是成年人之间的那种喜欢甚至是爱了。还有些学生,看见自己身边的同学有所谓的男女朋友,自己没有,感到没有面子,于是想办法也找个异性朋友。当大家发现有的男女生交往密切了,便夸张传播和大肆渲染,传出种种"绯闻"。由于认知上的片面性、极端性使学生对同伴之间的密切交往常发生曲解。他们常常不能全面地、多角度地看问题,难以准确、客观地评价自己和别人的情感。

【解决措施】

小陈写情诗的事情在班里传开了,班里议论纷纷,于是我召开了一个关于"爱情和早恋"的主题班会,在班会上我和他们分享了大家耳熟能详的经典爱情故事,还有脍炙人口的爱情诗歌,让同学们认识到爱情是美好的,更是严肃的、圣洁的,意味着责任、奉献、忍让和忠诚,作为初中生,他们不管是经济、生活还是身体、心理方面,都没有办法承担。初中阶段的这种"喜欢",只是感情的一种初级的朦胧阶段,是对异性的一种好感,是每位青春发育期的男女同学都会有的,并不一定是爱情。在同学们的讨论中,他们都认识到在学习的关键时期,在成长的重要时刻,不应该过早地追求爱情。男女同学之间的情感需要慎重对待、理智处理。世间各有时节,过早地成熟会过早地凋谢。我们现在是在春天,就不能做秋天的事。最后我总结:在中学阶段,异性同学间正常交往,互帮互助,共同进步,建立的友情往往更加牢固,但如果用不成熟的态度对待这份朦胧情愫,是非常不负责任的,若因此错过学习的黄金时期,更会抱憾终身。对于班里最近流传甚广的爱情新诗歌,我们应该从文学的角度去欣赏它、感受它,而不是胡乱猜测、无中生有、传播"绯闻"。

班会后,班里议论的声音逐渐减弱,小陈同学带着写诗的本子主动来找我袒露心声。他感到很痛苦、很迷茫,因为喜欢上了隔壁班的女生,不管是学习时还是运动时，总是忍不住去想她，甚至情不自禁熬夜为她写了很多情诗，他一直很纠结要不要表白，不确定她对自己是什么态度，不敢和任何人提起，担心老师和家长发现会批评他……这种种忧虑困扰着他，不知道该怎么办。那次班会课之后他思考了很久，知道不应该早恋，道理都懂，可是根本控制不住自己，于是鼓起勇气找我诉说，他想寻求老师的帮助。我首先肯定他鼓起勇气找我面对这个问题，更为他对我的信任感到开心，我轻轻拍着他的肩膀说："小陈，你说的感受和忧虑老师非常能理解。在这个年龄出现青春萌动非常正常，每个人都会经历这个阶段，只是不同的人有不同的处理方式。你如此苦恼或许可以试试老师的方法。"我让他回去认真思考，先列出最欣赏她的十个不重复的优点。小陈一听松了一口气："那简单。"仿佛得到赦令一般开心离去。

第二天他兴冲冲跑来找我，纸上写了十几个优点，我仔细看后不由自主地赞叹小陈细致入微的观察能力和形象生动的表达能力，再和小陈一起把其中一些类似的重复的优点删除，最后剩下六个方面的优点。我再给他布置新任务——优点清单：认真观察自己身边的其他人，包括同学、家里人、邻居等，记录符合这六个优点的名单，不限人数。他带着疑惑接下了任务，前三天优点清单上的人名寥寥无几，我鼓励他继续坚持，发挥自己细致入微的观察力。第四天、第五天，清单上的名字越来越多。

两周后，小陈主动和我说："这两周我慢慢关注到周边的人，发现很多同学身上也有很多优点，她不是独一无二的，我现在对她好像没有那么深的执着了，也不会控制不住地想她了。"我笑着祝贺他能够理智地思考问题，这已经成功一半了。

【后期效果】

后来，我在班里举行了主题班会"理想的实现靠什么"，由小陈来主持，他非常认真地准备，反复找我讨论商量方案，主持稿修改了好几次，他知道我对他的期待和要求，都体现在这节班会了，那就是学会自我控制、自我调节，为自己理想的实现打下坚实的基础。此刻的他已经一扫之前的忧虑苦恼，重现阳光自信了。

解铃还须系铃人，对初中生出现异性交往中的情感困惑，最终的解决办法还是要让孩子自己通过反思和寻找内因的方式去解决问题，其他人的疏导和引导只能起到外因作用，为此我既没有盲目批评和粗暴扼杀，也没有刻意去压抑他的情绪，而是引导他积极面对，再采取转移学生注意力的策略来培养学生积极的情感，缓解他的情感困惑，帮助学生树立信心，找回自我。

【我的思考】

面对初中生在异性交往中的情感困惑，我认为应该尊重学生的人格和尊严，把他们作为具有独立人格的个体来看待，要针对初中生的心理特点，以"情"导"行"，帮助他们树立与异性交往的正确观念，了解与异性交往的方式方法，学会理智控制情感，理性地思考和选择，把握好分寸和尺度，走出困惑，回到正常的学习和生活轨道。

学生无法面对挫折，怎么办？

深圳市宝安区实验学校　海虹

【案例描述】

俗话说："铁打的营盘，流水的兵。"在部队里是这样，在学校中也是这样，作为常年奋战在一线的教师，经常会遇到形形色色的学生，遇到各种各样的问题。在这些问题中，经常会有些孩子因为一些小小的失败或波折，陷入对某件事情、对自己，甚至是对人生的怀疑，印象最深刻的应该是我做班主任的时候教过的一个学生苏鹏（化名）。

接触苏鹏的时候，是我连续带了3年九年级后，重新接手了一个七年级。印象中他个子高挑，长得也很帅气，是个看起来阳光、正义的男孩，但是当时不知道是什么原因，我总感觉从他的眼神中总是能看到一种执拗的神情。至今仍然记得他在竞选班干部时铿锵有力的发言，他说："我想要做我们班的生活委员，我也不想多讲什么，但是我保证自己一定可以为大家、为班级做好该做的事，请大家相信我，看我的行动！"众所周知，生活委员是个苦差事，他如愿当选了。正如苏鹏自己所说的，他确实能够兢兢业业地为班级付出，在他的努力下，开学两个多月的时间，我们班从来没有因为卫生扣过一次分，平时班级里的体力活也是他"身先士卒"，带领大家一起完成。正在我沾沾自喜、沉浸在"有此悍将，班级琐事不用操心"的窃喜中的时候，几个学生跑来击破了我的美梦，他们告知我苏鹏和班里的同学打起来啦！

我急匆匆赶到教室的时候，两个打架的孩子已经被拉开，万幸两人都没有对彼此造成太大的伤害。其实说起来事情很简单，就是苏鹏任职后安排那个孩子王濛（化名）擦黑板，但是王濛比较贪玩，轮到他们组值日的时候，组长在怎么提醒他都不肯配合的情况下，多次跟苏鹏反映要求换一个组员。

苏鹏以班干部的身份去跟王濛沟通，王濛就顶了一句："你算个什么，生活委员了不起呀，每天装什么大佬，凭啥安排老子干活！早就看你不爽啦！你以为大家都想听你的？"苏鹏一时气愤动手推了他一下，两个人就扭打起来。

安抚好班级的学生后，我把两个孩子叫到办公室去处理后续的问题。经过一番沟通教育，两个孩子很快就承认了自己的问题，两个孩子彼此道歉和解，承诺以后一定改，王濛还主动要求承担一周的值日来弥补。原以为事情就这样过去了，然而晚上放学后，苏鹏找到了我，说要辞去生活委员的工作，无论我怎么劝说都他都不肯再干下去。

【案例分析】

挫折，是指人们在有目的的活动中，遇到阻碍人们达成目的的障碍。心理学上指个体有目的的行为受到阻碍而产生的必然的情绪反应，会给人带来实质性伤害，表现为失望、痛苦、沮丧、不安等。中学生阶段的孩子们正处于青春期，如今的青少年学生大多是在非常顺利和备受宠爱的环境中成长起来的，所以抗挫折的能力普遍较低，在学习和生活中经不起任何挫折。这个时候他们非常的敏感，注重外界的评价，考试失利、老师交给的任务搞砸了、遭到老师批评、第一次写检讨、总是被家长批评等任何一种情况，都可以算得上是他们的人生挫折。这些事情会令他们感到受打击、自信减少，甚至怀疑自己的选择和做法。

案例中苏鹏的遭遇和他做出的反应很明显是符合这一特征的。他一直是个比较自信、自律的孩子。在班级工作中，他对自己、对同学们要求和期望都很高，但是面对班级将近50名性格各异的同学，他的想法在推行的过程中势必会遭到一些同学们的对抗，而且他提出辞职的时候讲了很多，我明显听出来，其实他觉得自己在前面的两个月工作中并没有得到同学们的认可，期间早已萌生要放弃的念头了，这次打架事件以及王濛的话彻底激发了他的挫败感，让他无法像以往一样说服自己再坚持下去。简单来讲，就是苏鹏觉得自己是个失败的班干部，他认为自己不合适再担任班级管理工作，打算通过辞职来逃避自己遇到的问题。

【解决措施】

面对摆在面前的问题，我认真地进行了思考，并结合班级的实际情况制定了一系列的方案来解决问题。

一、解决当务之急

作为个体案例的处理，我允许了苏鹏暂停班级的管理工作，准他休息一个星期冷静一下，再来考虑后续是否要继续担任班干部。当天晚上我就去苏鹏家进行家访，深入地了解他的成长环境，为进一步与苏鹏的沟通打好基础。苏鹏提出辞职的第二天，我召开了紧急班委会和学生代表会，从学生的角度去了解了孩子们心目中的苏鹏是什么样子的。接下来，在掌握了一些基本信息的情况下，我与苏鹏多次沟通，从学习到生活再到班级管理，我从不同的角度跟孩子进行了交流，引导孩子对自己重新进行定位，树立新的人生观和价值观。最后，一个星期的冷静期到了，我在班级进行了一次全体班干部的民意调查，同学们认真地对班级现有的班干部进行了评价，苏鹏以最高票获得好评。通过这次调查，让苏鹏知道了同学们多数都认可了他的，也让他重拾了自信心。

二、思索后续工作

苏鹏的事件，其实只是班级问题的一个缩影，我以此为契机对全体同学进行了一系列的抗挫折教育，目的是帮助学生树立正确的挫折观。让学生能够在日常生活学习中正视挫折，认真分析挫折产生的主客观原因，正确对待挫折，那么就不仅可以克服和消除挫折，而且还可以磨炼自己的意志。具体措施由以下几个方面构成。

营造积极向上的班级氛围，让学生自己去收集相关的名言警句或者分享自己的感受，在潜移默化中向同学们输送正能量。

充分利用班会课，设置系列主题活动，比如"名人故事会"，选取一些典型的名人逆境中成长的故事，让学生从优秀的人物身上学习正确的解决问题的方式；通过"生活中的小确幸"，学生可以讲述自己的故事，分享自己分散和疏解不良情绪的方法，引导学生互相学习、互相帮助。

组织电影赏析活动，比如说《摔跤吧，爸爸》《阿甘正传》等电影，通过这些励志电影，可以让学生体会到他们现在遇到的困难，与电影主人公他们所遇到的困难相比，根本就是不值一提的，从而能够让学生从容地应对眼前的失败和不足，此处最重要的还是看完后要让学生谈谈感受，激发共鸣。

组织各类班级小竞赛，比如说才艺比赛、知识竞赛等各项小活动，让不同层次的学生都有机会展现自己的特长，让每个学生在班级中都有存在感，让他们获得成就感，认识到自己的长处，抵消不良情绪。

指导家长做好家庭教育，家庭是孩子出生后的第一所学校，家长是孩子的第一任老师，现在的家长普遍对孩子表现出过多的关心、过分的呵护，从而使孩子不能正确地体验挫折的过程，不能正视失败的结果，导致孩子对自己产生较低的自信，因此，做好家长的教育工作，教会家长如何正确引导孩子的行为，家校形成合力共同教育，对于培养孩子的自信心、提高孩子的耐挫力是非常有帮助的。

【后期效果】

初试有成效后，每学期、每学年定期召开"抗挫折教育"主题班级活动成了班级的惯例，孩子们都为自己能够参与到这项"与众不同"的活动中感到自豪。科任老师、家长们也被调动起来，基本上每次主题活动都会有老师和家长来分享自己的生活和工作，分享自己的应对措施。

三年的时间，孩子们在活动中不断成长，不仅苏鹏没有再提出辞职，后来还被同学们推举为班长，一干就是三年，在他的带领下班级中形成了一股班干部竞争上岗的风气，从班长到小组长，每个人都希望自己的能力能够得到认可。即使当不上班干部，孩子们也会想尽办法为班级出谋划策。七年级的第二学期里，班级里自发地形成了一支"开心果"小队，他们自己号称是班级的"正能量传播大使"，队伍的宗旨就是帮老师和同学们排忧解难，哪怕解决不了问题，也会想办法让大家开心地去迎接挑战。

功夫不负有心人，三年的初中生活，虽然并不能确保所有的孩子都能完美地应对所有的困难，不能确保所有的孩子都品学兼优，不能确保让所有老师和家长绝对满意，但是班级里形成的互助互爱、团结奋进、敢拼敢干的风气却能够让每个孩子被"爱"到，让每个老师和家长被"暖"到。作为班主任，能带到这样的班级是何其有幸！

【我的思考】

苏鹏的事件结束后，我对教育教学管理也有了更多的认识。班主任作为班级的掌舵者，不仅要抓好班级成绩和班风建设，更要关注到班级里不同孩子的心理健康。各项研究表明，应对挫折的能力与解决问题的技能是密切相关的。苏联教育家苏霍姆林斯基认为：要让孩子知道，人生不仅有快乐，而且还有悲伤、痛苦和死亡，要使孩子从幼小起，就通过亲身体验体会到生活里，有一个叫"困难"的概念。积极应对失败的良好心态，是孩子成长的关键，也是班级建设的重点。

作为长期奋战在一线的教育教学工作者，应该充分认识到，对孩子进行挫折教育，并不是简单地让孩子吃点儿苦头，受受挫折就可以啦，真正的挫折教育，是在正确的教育思想指导下，根据孩子的身心发展特点和教育的需要，努力地创造或利用各种情境，设置难题，让孩子通过自己亲身参与、动脑动手来解决问题，教会孩子在失败时如何尽快调整好心态，充分发挥自己的能力和潜能去获得成功，从而使他们逐步形成对各种困难的承受能力和对环境的适应能力，不断地培养孩子的迎难而上的坚强意志。要引导孩子们认识到凡事要取得成功，都会遇到挫折，如果能勇于面对，敢于克服，成功一定会降临的。

学生情绪不稳定、易怒易躁，怎么办？

深圳市宝安区实验学校　刘怡清

【案例1描述】

七年级时，我们班的小陈同学可谓是班级里的"风云人物"，"好动""话痨""脾气火爆"是他在同学眼中的标签。还记得，那是在一个闷热的周一下午，有一个腼腆的女同学小心翼翼地跑来办公室找我告状，小陈同学用粉笔扔其他同学，粉笔头散落在教室的四周，这给值日生增加了很多负担。于是，就同学反映的扔粉笔问题，课间我单独找了小陈同学谈话。不出意外，小陈同学情绪非常激动地否认自己有乱扔粉笔这一不良行为，同时辱骂了告状的同学，且说道他这辈子最讨厌两种人，一种是喜欢打小报告的，另一种是诬陷他人的。但与此同时，我看到他的眼周泛红，眼眶里的泪水似乎随时要夺眶而出。见状，我也极力地控制住自己的脾气，没有再说什么，而是让他回座位上，先平复一下情绪。班会课上，小陈同学双臂交叉，翘着个二郎腿，双眼瞥向窗外，摆出了一副不可一世的姿态。放学后，我联系了小陈同学的妈妈，在跟与她沟通的过程中得知，孩子不仅在学校很情绪化，在家里脾气亦是火爆，一言不合就跟父母大吵大闹，将门反锁，不准父母进入自己房间。第二天早上来到办公室，我发现我桌面上平铺着一张纸，与其说它是一封道歉信，不如说是"示威信"，内容主要可以概括为：他这辈子最讨厌两种人，一种是喜欢打小报告的，另一种是诬陷他的。看完这封信后，我拍了张照片，随手转发给他家长，家长回复已提前看过这封"道歉信"的内容，但奈何孩子性格太刚了，只能对其妥协。

在了解到小陈同学的性格后，我意识到对于这种类型的孩子，我们要有意识地"拉拢"他，而不是将他推到和谐师生关系的对立面。于是，我对小陈同学乱扔粉笔这一行为采取的措施是冷处理，且课堂上有意地多提问小陈同学，多表扬鼓励他。渐渐地，他的脾气稍微有所收敛，但是好景不长，几周后，小陈同学又与美术张老师有了冲突。事情的起因是课前小陈同学悄悄地站在张老师身后，用手比画着自己与张老师之间的身高差，这一幕恰好被张老师看到了，于是张老师跟小陈同学说道，在老师身后做这个动作是非常不尊重老师的，希望小陈同学能意识到自己的错误。然而，小陈同学压根没有意识到自己的问题所在，即使有很多在场的同学证明，他仍然不承认刚才在老师身后做了比画身高这一动作，并且谩骂在场的同学都是"瞎子"，眼睛有问题，所有人都是在诬陷他。与此同时，他抓起讲台上的一盒粉笔，用力地将粉笔摔到地上。眼看着小陈同学的情绪即将爆发，张老师平静地将小陈同学拉到了教室后面，想让孩子先冷静一下，没想到小陈同学站在窗户旁边，用拳头大力地捶了几下窗户的玻璃。课后，张老师很委屈地来办公室找我反应刚才课堂上发生的插曲，在听完张老师的倾诉后，我邀请了小陈同学的父母第二天来学校面谈，家校共同探讨孩子的教育问题，帮助孩子更顺利地度过叛逆的青春期。

　　小陈同学的父母非常诚恳地跟老师道歉，并且将孩子小学的成长记录手册带到学校，跟我分享了小学阶段班主任对孩子的评价。在与小陈父母交谈的过程中，我才意识到小陈同学目前为止所做出的"出格"行为有很大原因是因为他内心自卑。我所工作的学校是一所九年一贯制学校，很多学生都是从本校小学部直接升入初中部的，而小陈是初一才转学到这间学校的，在学校都没有几个认识的朋友，因为这个原因，孩子内心有些自卑。从他父母口中，我得知，小陈同学为了让自己看起来不是那么孤单，每天都刻意去小学时期的同学家里，约那位同学一起上学。知道孩子的这一行为后，我渐渐地理解并原谅了他在班上公开场合多次跟老师对峙的事件，对于这种类型的学生，作为班主任，我需要给予他们更多的关怀，除了在课堂上多鼓励关心孩子的学习，也要多了解他们的生活，走进孩子们的内心世界。恰好，小陈同学的生日临近，我悄悄地跟全班同学一起商量着要为他举办一个生日派对。

那天，小陈看到同学们为他精心准备的生日礼物，感动得泪流满面，课后还将所有礼物拿给我看，与我分享他内心的喜悦。其实，孩子们的内心是很单纯的，正如卡耐基在《人性的弱点》一书中提到，每个人内心都渴望被重视，孩子们也是一样的，他们内心很渴望得到家长、老师、同学的认同。时光飞逝，转眼间，已经进入八年级，有一天小陈同学突然笑嘻嘻地走到我面前，很开心地跟我说："刘老师，我感觉我的坏脾气好像没有了。"那一刻，我第一次感受到了人的生命成长过程中的奇妙之处，通过见证一个青春期的孩子，从叛逆到懂事。

【案例2描述】

小月同学的父母忙于做生意，平时很少关心孩子，一下班回家就是数落孩子各种不足，甚至会动手打孩子。小月的妈妈不仅对小月很没有耐心，而且还在老师面前将孩子贬低得一无是处，告诉班主任绝对不能相信自己的女儿，她是一个撒谎精。久而久之，在这种家庭氛围下，孩子变得非常叛逆，抽烟喝酒，辱骂父母，且时常晚上不回家，亲子关系糟糕到了极点。据了解，小月同学在小学低年级时是一个很开朗、阳光的女孩，到了高年级开始"学坏了"，因为缺少家人的陪伴，结交了一些校外的朋友，并且坚信她的这些朋友远比自己的父母更在乎自己。

【案例分析】

一、学生的性格分析

小陈同学看起来性格张扬，在家里或者学校都是脾气易失控、暴躁，但是内心自卑，渴望得到家长、老师的关注，希望得到同学的认可。

小月同学初一刚入学时，看周围的人时眼神里充满了敌意，对同学保持着距离，不愿意跟其他人交流。一学期相处下来，小月同学性格渐渐地变开朗了，在学校对老师还算比较尊敬。但是在家里，小月仍然是与父母关系很差，经常对父母发脾气。

二、理论依据

心理学家埃里克森认为，人要经历八个阶段的心理社会演变，这些阶段包括四个童年阶段、一个青春期阶段和三个成年阶段。每一个阶段有这些阶段应完成的任务，并且每个阶段都建立在前一阶段之上，这八个阶段紧密相连。初中生处于心理社会发展的第五个阶段——青春期阶段，这一时期的孩子面临着自我同一性和角色混乱的冲突。一方面青少年本能冲动的高涨会带来问题，另一方面更重要的是青少年因面临新的社会要求和社会的冲突而感到困扰和混乱。所以，青少年期学生的主要任务是建立一个新的同一感或自己在别人眼中的形象，以及他在社会集体中所占的情感位置。这一阶段的危机是角色混乱。

青春期个体生理发展十分迅速，但其心理发展速度相对缓慢，心理发展水平尚处于从幼稚向成熟发展的过渡时期。生理上的急剧变化对心理活动会造成巨大的影响。因而初中三年不仅是孩子们三观形成的重要时期，还是孩子们学业发展和性格养成的关键时期，更是一个人人生当中的疾风劲雨期。

此外，《中华人民共和国家庭教育促进法》的颁布，是为了发扬中华民族重视家庭教育的优良传统，引导全社会注重家庭、家教和家风，增进家庭幸福与社会和谐，培养德智体美劳全面发展的社会主义建设者和接班人而制定的法律。学生情绪不稳定，易怒易躁，需要家校合力，共同帮助孩子克服困难，稳定情绪。

【解决措施】

与青春期的孩子相处，特别是对那些脾气暴躁的孩子，教师的耐心倾听是关键，倾听可以使教师了解到学生内心的真实需求，发现学生情绪化这一现象后面的问题所在；倾听也可以使学生感到被教师接纳，体会到自我的存在感。初中阶段的孩子自我意识增强，他们内心渴望教师把他们当作成年人，以一个平等的视角与他们沟通，因而在与学生沟通的过程中，要学会倾听学生，重视学生的内心世界，让学生表达自己的意见。

作为班主任，我们要创设一个温馨有爱的班集体，开展丰富多彩的班级活动，尽可能地给更多的孩子提供展现自己的平台，通过班集体活动，增强学生对班级的归属感，形成"人人为我，我为人人"的集体氛围。在班级可以挑选几个性格阳光开朗的孩子作为心理委员，孩子们在同学之间能够展示自己较为真实的一面，且同学间每天相处的时间更长，心理委员在接受培训后，可以更加敏锐地察觉到班集体中情绪异常的同学，并及时向班主任汇报。作为班主任，我们还可以利用每周一次的班会时间，召开如何进行情绪管理主题的班会，鼓励孩子们分享自己情绪失控的经历与感受，或让孩子们扮演情绪失控的情景剧，引导孩子们察觉到过于情绪化会给自己、给他人带来的伤害，意识到有一个稳定情绪的重要性，最后再邀请同学们头脑风暴，提出控制情绪的措施。

在教育孩子上，除了学校的职责外，家庭有着同样重要的作用，父母是孩子的第一任老师，孩子是父母的一面镜子，如果想要孩子成为一个情绪稳定、有担当的人，父母首先要学会控制好自己的情绪，不轻易对孩子大吼大叫。阿德勒认为过分关注、溺爱孩子和过分忽视孩子、否定孩子的父母都会导致孩子进入青春期后容易产生情绪问题。小月同学的例子，体现了家庭教育在孩子成长道路上的重要性。要提升初中生情绪管理的能力，需要家校合力，学校帮助家长调节固有的教育方式，更新教育理念，重视孩子的情感体验，关注孩子的心理变化。此外，家长与教师之间应该加强沟通，更加全面地了解孩子在家、校的表现，一旦发现存在异常，及时地去解决问题。

【我的思考】

初中生情绪的管理能力提升，一方面可以让孩子更好地适应校园生活、学习，另一方面，可以帮助他们建立一个更为健康的人际关系圈。叶澜教授曾经说过："教育需要关注每一个鲜活的生命，其实每个生命从孕育到绽放都经历着蜕变，每个孩子都是一棵努力向上生长的树。"生活中不是缺少美，而是缺少发现美的眼睛，我们亟须一颗发现真善美的眼睛，每一个孩子身上都有自己的闪光点，作为班主任，我们要用显微镜去发掘每一个孩子的优点，并将其发扬光大，帮助孩子提高自我认同感。教育是慢的艺术，让我们放慢教育的脚步，让我们的学生在教师的欣赏中扬起前进之帆。

学生学习动力不足，怎么办？

深圳市光明区光明中学　邬丽

学生的学习动力是学习过程高效、学习结果有效的核心。然而，我所任教的高一（4）班学生自入学后学习动力就明显不足，很多学生在课堂上经常"神游"、不做笔记，迷恋小说和电子产品，写作业敷衍了事，他们像算盘一样拨一下动一下，更有甚者，干脆开启"摆烂模式"。此外，还有个学生经常请假以逃避上学，她中考前因为无法忍受学业压力，已被确诊患有心理疾病。学生的第一次月考成绩不出意料很不理想，我意识到引导学生如何学习以及如何提高学生的学生动力是我不得不面对的课题。

月考后的第一周，我趁热打铁制作了调查问卷并与每个学生进行了一对一谈话，试图了解他们学习上的困难，分析他们学习动力不足的原因。此外，我还召开了科任会议和家长会，以期多方了解学生的学习情况。最后，我总结出学生学习动力不足的原因主要有以下几点：一是学习目标不明确，学习态度不端正。很多学生没有人生规划和学习目标，对待学习非常被动。部分学生因为中考发挥失常或超常才进入我校，未调整好心态就开启"今朝有酒今朝醉"模式。二是学习信心不足，自我效能感普遍偏低，缺乏吃苦耐劳的学习品质。三是学习方法有待改进。上课注意力不集中，对待学习不求甚解，遇到不懂的就置之不理，不会求助老师和同学，课后缺少总结归纳，不重视错题。四是情绪管理能力欠佳。部分学生第一次离家住校，无法快速适应集体生活，容易受身边事物影响，情绪波动大。五是学业难度加大，很多科目对抽象思维能力和逻辑推理能力要求更高，学生表示有时听不懂某些科任老师讲课。

基于以上情况，我采取了以下措施，以期点燃学生的学习动力。

一、建立良好的师生关系，为教育保驾护航

俗话说"亲其师，信其道"，良好的师生关系是取得良好教学效果的保障，良好的师生关系有助于教师开展思想和心理辅导。教育是个"爱心活"，热爱学生是教师构建良好师生关系的"法宝"。我经常与学生谈心，了解学生的学习和生活情况，尽量关心和尊重每个学生，处理学生问题力求公平公正，尽己所能去温暖他们。我相信若班主任起心动念都是帮助学生成长，学生定会感受到班主任的真心。我给学生准备的定制礼物，如印有学生姓名和祝福语的笔或者"火车票"，很多学生会珍藏起来。

二、制定目标，进行学法指导

生活没有目标就会失去方向，学习没有目标就会失去动力。明确的学习目标能够帮助学生将注意力聚焦在学习上，促使学生不断克服困难和挫折。另外，学生在实现一个个阶段目标的过程中，也能体会到实现目标的充实感和成就感。班会课上，我组织学生学习如何制订学习目标和学习计划。例如，目标制订要符合自己的最近发展区，不可太高也不可太低，"跳一跳就能够得着"的目标才是最合理的。同时，我也会引导学生进行个人职业规划、确定长期目标，例如观看高考志愿填报讲座，了解各行各业的就业前景，分析深圳大学、深圳职业技术学院等高校的录取分数线。当然，培养学生良好的学习习惯和学法指导也是我的重要发力点。例如，组织并督促学生养成课前预习、课中认真听课做笔记的习惯，引导学生重视反思和归类整理，指导学生画思维导图，要求学生建立错题归纳本并时常翻阅，开展团建活动或者鼓励学生运动，让学生劳逸结合，提高学习效率。为了推广班级学生良好的学习方法和学习习惯，我定期邀请学业优秀或者进步大的学生分享学习方法，定期对优秀的作业、错题集等进行展示。

三、优化学习评价，给予充分的赏识

皮格马利翁效应告诉我们：班主任在日常的班级管理中多赏识学生，多关心和鼓励学生，能够帮助学生朝着我们期待的方向发展。班级部分学生因为中考分数比较低，对待学习有自卑心理，容易出现"破罐子破摔"的现象。

基于此，我努力挖掘学生身上的闪光点，创造条件让每个学生都能展示自己，增加学生获得成功的体验，让他们看到自己的价值。例如，课堂上简单的问题我会留给学习动力不足的学生；当一个经常抄作业的学生认真独立完成作业时，我会在他的作业本上留言鼓励他；当一个从不主动提问的学生大胆提问时，我会让全班同学为他鼓掌；看到学生认真值日时我会拍照发到家长群表扬他；期中颁奖时我会设立各种各样的奖项……

四、朋辈帮扶，互助前行

同龄人有很多的共同话题，朋辈间的互助前行，有助于点燃学生的学习热情。因此，我积极组织学生互帮互助，建立学习小组和"讲师团"，积极探索"兵带兵"模式。例如，我经常组织"物理讲师团"成员利用晚读前的20分钟给全班同学讲解物理题，效果非常好。"讲师团"成员经过我把关后再上台讲解时已经信心十足，台下同学有不懂之处也会畅所欲言，如此便能极大地发挥他们助人自助的作用。重点培养3个"物理讲师团"成员后，班上同学经常找他们请教问题，排座位时他们自然而然地成了"香饽饽"，很多同学想坐在他们周围。如此，全班同学的物理学习兴趣大大提高了，期中考试的成绩也很理想。

五、多方协作，携手共育

班主任要争取联合多方力量来教育学生，平时多与家长和科任老师交流，才能有的放矢地激励学生提升学习动力。我平时经常关注学生的各科听课状态和作业完成情况，主动协助科任老师的工作，维护科任老师的形象。当然，家长作为学生的第一任老师，提高学生的学习动力肯定离不开家长的支持。我经常在家长群分享学生的在校表现和学习情况，若发现学生有异常情况就及时私聊家长进行沟通。

六、积极教研，精心备课

很多学生反馈高中物理比初中物理难，为了增加学生的物理学习兴趣，我尽可能利用现代信息技术制作有趣的教学资料，丰富课堂教学活动，增加物理小实验，创设生活化教学情境，引导学生开展小组合作探究。例如，学习《摩擦力》，我会让学生站在滑板上拔河；学习《超重和失重》，我会让学生用电子秤或者体重秤在电梯中称量物体质量；学习《反冲》，我会让学生在教室内释放气球，并在网上下载多级塑料火箭制作教程让学生课后探究。其次，我还会精心设置问题情境，通过问题串引导学生主动构建新知识。此外，我非常注重增加学生学习成果的可视性，经常给学生制定一些小目标并及时检查批改，让学生在完成小目标的过程中增加成就感。

七、加强情绪管理

积极的情绪会帮助学生全身心投入学习，而消极的情绪则容易让学生产生精神内耗，从而低效学习或者逃避学习。高中生正处于青春期，情绪易波动。我利用班会课组织学生学习了情绪管理的重要性并引导他们构建情绪ABC模型。当学生情绪低落的时候，我会和学生一起探讨事件中的积极因素，不断引导他们通过改变对事件的看法来改变自身的情绪，培养学生进行积极归因的能力。同时，我也会搜集学生在学习、生活中遇到的困惑，再通过小组讨论让学生学习其他同学处理消极情绪的方法。当然，在平时的教育教学中我也会不断引导学生用积极的态度去面对生活和学业上的挑战，学会从失败情境中找到可以改进的因素。

通过上述一系列的改进举措，大部分学生的自我效能感和学习动力都有所提升。例如，学生的学习目标感更强了，课堂参与度更高了，与老师、同学探讨学习问题的热情也更高了，班级期中考试的平均总分逆袭超同层次班级近20分，在学校组织的各大活动中均有获奖。

总而言之，提升学生的学习动力是一个长期且循循善诱的过程，很多家长和教育工作者对于采用何种方法去有效激励学生的学习动力处于无力状态。作为学生学习和成长的指导者，我常常问自己：如何成为合格的学生学习助力者？答案是我需要不断学习，学习各种激励方法，我需要不断实践、反思，随时随地研究自己的学生。如此，方能不断提升自己的教育智慧，指引学生前进，为学生的成长赋能。

班主任管理篇

班主任威信不够，怎么办？

深圳市福田区皇岗创新实验学校　张凡

【案例描述】

还记得刚从大学毕业时，我就被委任班主任一职，内心忐忑不安，着急上网搜索着如何才能当好班主任，看了许多建议，印象最深的一条就是初次见到学生时先板着脸，不要轻易对学生笑，带班前期务必严格，我决定照此建议执行。刚毕业的我尚未褪去学生气，便要成为50名初一学生的班主任，我担心自己无法在气场上压制学生，于是开学第一天，穿着深色古板的套装，板着一张脸，对学生进行了简单的致辞，然后就将学生处发来的量化标准细则一一向学生列出，要求他们严格遵守学校的规章制度。

我将自己准备好的班规打印好贴在墙上，严格按照规矩执行落实，例如有学生迟到，我就在全班批评教育，意在杀鸡儆猴，于是学生见到我，都不敢造次，我快走到班级门口时，学生见到我就急忙朝着班里大喊："张老师来了，快坐好。"每当我到班时，学生都安安静静坐在位置上。我以为这就是我预想中的效果。

然而随着时间的流逝，许许多多的小问题渐渐浮出水面。学生对我十分敬畏，平时不太敢与我多进行交流，生怕听到我的说教，故而有许多的小状况我都是后知后觉。例如同学间发生了矛盾，直到学生真正动起手来，我进行处理和沟通时才知道原来他们已经积怨已深，曾经有过几次口角。我对待学生严厉，得到了表面的和平，却没有真正走进他们的内心，学生无法将内心真实的想法告诉我，导致我在班级管理中慢慢陷入一个较为被动的位置。后来一次小长假前，班里一位乖巧懂事的女生给我写节日祝福，她提到刚刚见到我时觉得我是一个非常年轻可爱的大姐姐，但是班里同学还不成熟，总是惹我生气，于是总看不到我的笑脸，希望我能够不要总是皱着眉头，可以多笑笑。

看到学生给我写的节日卡片，我感动之余也不禁开始思考，细细回顾自己的言行举止，察觉自己带班理念出现了偏差。在班级中，我急于树立班主任的威信，武装原本活泼外向的自己，总是板着一张脸，学生感受到我的威严，却没有真正信服于我。

【案例分析】

所谓威信，既要有威严，更要能令人信服。作为新入职班主任的我，努力想管好班集体，但是在制度之外没有关注到育人应有的温度。学生刚刚从小学升入初中，都希望能够在一个温暖团结的集体中，与同学度过美好的三年，却在刚入学时就被班主任的条条框框打破了美好的幻想，他们也努力按照我的要求去做，但是作为学生，难免有不成熟之处，比起批评教育，他们更需要的是得到耐心的指导和教育，让他们在一次次错误中总结经验，收获属于自己的成长。

班集体是由一个个鲜活的孩子组成的，并非班主任的"一言堂"，良好的师生关系很重要。作为班主任，我们应该走进学生的内心，了解学生真正的想法，懂得学生内心的需求，明白他们正处于成长阶段，要学会允许一切发生，以从容淡定的心态包容学生偶尔的不懂事和不成熟，将一个个挑战转化为教育契机，让学生感受到自己的关心和爱护，师生之间关系友好，班集体才能凝心聚力，师生才可以同向同行。如果学生遇事害怕告诉班主任，就会让我们丧失处理问题的最佳时机，也失去对班级进行管理的主动权。

班主任要树立自己在班级中的威信，过于宽松的管理不利于学生养成良好习惯，但过于严格的管理也会让学生不敢说出自己的心声。作为班主任，我们要学会本着一颗真诚的心，把握好管教的尺度，做到宽严相济，通过巧妙的方法将我们的关心和爱护传达给学生，让学生明白规矩的同时感受到老师所做的一切都是为了帮助学生成为更好的自己，充分感受到教育的温度。

【解决措施】

当我意识到学生与我的关系较为疏离后，我首先要采取的措施就是走近学生，倾听学生的心声。班主任每天都能有大量的时间与学生相处，学生在课间、午休等时间处于更加放松的状态，适合进行沟通。我选择每个课间都进班级，看到三三两两聚集的同学便走过去加入到他们的聊天当中，学生的分享欲很强，加之又是在课间，师生之间都不必绷着一根弦，我可以与他们的聊天中了解学生关注的话题、喜欢的偶像、课余的活动等，更重要的是，通过这些沟通，我对班级内部人际关系有了进一步的了解，活泼的孩子们总是很愿意分享班里的小八卦。为了更好拉近与学生的关系，我有时也会准备一些节日的小惊喜，偶尔的一颗糖果、一杯奶茶，礼虽轻，情却重，是平淡学习生活中的调味剂，能够换来一张张灿烂的笑脸，学生能够在这些富有仪式感的小礼物当中感受到班主任对他们的爱。

青春期的孩子相对敏感、自尊心强，因此在他们犯错误的时候，我们需要讲究批评的艺术，同时要对学生一视同仁，平等尊重。从前为了向学生明确班规的重要性，我会公开批评学生的不足，但是这样有时会让学生在同龄人面前丢了面子。后来在学生犯错误的时候，我采取私下沟通的方式，先了解学生错误背后的原因，并针对性地给出一些我的建议，有时也让学生自己尝试提出解决方案，这样反而能达到更好的效果。最好的教育是自我教育，由学生自省而得出的建议都是经过深思熟虑的，更有利于发挥学生的主观能动性，他们也更愿意去执行和落实。

班主任在班级管理的过程中并非孤身一人，身边的科任团队很多时候可以给我们带来莫大的助力，与科任形成合力，互相"抬轿"，也能帮助班主任树立威信。同为教师，班里的科任老师更能明白班主任工作的不易，也日日见证着班主任老师对学生和班级付出的时间和精力，因此，有些时候可以借科任老师之口，从旁观者的角度，让学生了解班主任每日工作之烦琐，对班主任也能多一些体谅和感恩。

以身作则，也是树立班主任威严的一大法宝。在班级管理过程中，有时再多的语言，不如一次亲身行动。我告诉学生要按时到校，于是自己每日搭乘最早的一班地铁，早早到达班级，迎接学生的到来；我提醒学生要注意卫生，于是每当看到班级地上的纸张，都弯下腰捡起。当我们能够用严格的标准要求自己，以身作则，学生自然会有样学样，更加相信我们的话。

【后期效果】

当我重新定义班主任的威信，通过各种举措拉近师生关系后，学生与我之间，多了更多的默契。

从前的班规是由我给出的，但是学生进行了后期的调整和更新，在每周的班会课上，我们都会总结班级上一周的优点和不足之处，并让学生集思广益，思考如何补足我们的一个短板，让班级成为更好的集体。同学们都很愿意发表自己的观点，尽管有些时候稍显稚嫩，但能强烈感受到他们真正把自己当成班级的主人翁，和我一起共建更美好的班集体。

在学生遇到问题时，我都会是他们及时求助的对象。学生在学业上或者人际沟通上有烦恼的时候，会通过面谈或者书信的方式向我求助，我成了他们心目中值得信赖和依靠的师长，甚至有时候，班里同学惹事闯祸了，还有贴心的孩子会给我送上一颗小糖果，写张小卡片宽慰我，让我内心无比感动。

当班级内部出现突发状况时，学生会第一时间告诉我。班里的同学内部存在矛盾或者与其他班同学存在矛盾时，总会有学生跑来告诉我，让我及时当"消防员"，进行调停，我能够及时得到情报，将学生的矛盾及时处理，避免矛盾进一步激化，对学生带来更大的负面影响。

我很惊喜地发现，当我更愿意倾听学生的声音时，我的话语也更有分量，每一句话都能够抵达学生的内心。学生们提到自己的班主任和班级，都是一脸自豪，认为自己所在的班级就是最好的，最适合自己的。

【我的思考】

正所谓"教学有法，但无定法，贵在得法"。班主任的班级管理方法可以是多种多样的，但无论是严厉型、民主型还是放任型等，只要我们能够走进学生的内心，真正关心学生的想法和需求，就可以找到打开门的钥匙，让自己的话语走进学生的心田，一切始于真心，威信的树立不意味着严厉，在教育中，我们也可以温柔而有力量。

学生不接受新班主任,怎么办?

深圳市宝安区上星学校 苏莉菲

【案例描述】

2020年那个灼热的六月,我刚送走自己带了三年的班级,纵使心中有万般不舍,但也依然为九月的迎新而无比喜悦,我期待再次接手一个新班级,带着孩子们开启漫漫三年青春之旅。自工作以来,我一直担任班主任工作,虽然只从事了六年的班级管理工作,但一直得到学生的好评和家长的支持,带班成绩也一向很突出,积累了一定的管理与教学经验,心中很有些带班宏略想要好好施展一番,我对自己充满信心。

可没想到,开学前教学处主任找到我,说一位班主任调离了,希望我能继续留在初三年级带领毕业班。我感到很为难,一来"后妈"难当,我又从来没有中途接班过;二来这个班级可谓"恶名昭彰",我对他们的传奇早已有所耳闻,我预感到那些棘手的问题,想要推辞。但学校办公会已研究通过,不能再更改,临危受命,我只能重整心情,走进了这个班级。

刚开始一周,自我感觉还不错,原先这个班级总隔三岔五就有好几个学生称病或因私事告假,现在班级不会有学生莫名经常性缺课或中途离校,班级学生感受到我这位新班主任的说一不二的处事风格,言行举止收敛了不少。可惜好景不长,数学、英语两科老师开始反映学生作业总是收不齐,常常差十几本作业,交上来的作业质量也堪忧;而历史老师更是表示课堂上偷偷讲话的人多,"一波未平一波又起",正常课时无法保证,有时不得不拖堂,可学生怨声载道、意见很大,完全不配合老师;道德与法治老师说在六个班级中,只有我们班的背诵问题最令她头疼,课代表认为小组长态度敷衍,小组长推脱组员难管,大部分学生并没有背诵的积极性,每次课前背诵检查都要花费大量时间。面对科任老师们的反馈,我觉得很吃惊,原来在我的课堂上的"鸦雀无声"并不是他们的"改过自新",学生只是在对我隐藏他们的真实情绪和想法,在其他课堂上竟然原形毕露。

我正疑惑着,为什么那些在三个月前还行之有效的小组学习制、积分兑奖制都失去了效力,我逐渐接收到让我更为难受的三个打击。其一是"前任"班主任主动跟我发微信,询问我接班后的情况,委婉地告知我班级学生对我个人不是很喜欢;其二是我在电脑键盘下发现了班长小隋给我偷偷塞的一封辞职信,她是班上学习最好的孩子,工作也很负责任,可她却告诉我她现在感到非常无力,为了管理班级,她和同学们冲突也变多了,影响了她的学习;其三是班级家委主任和我打电话,反馈了一些家长群的"异动"……

总之,面对以上中途接班后的种种困难,我感到挫败不已,同时不得不接受一个现实,班级学生根本没有从心理上接受我这位新班主任。

【案例分析】

接班一周后面临的混乱,让我感到沮丧,也让我陷入深深的思考,问题的症结究竟何在?短短一周,我做错了什么?我还能做些什么来补救?未来一年的毕业冲刺又该如何规划?

我收拾好自己零碎的心情,开始静静回顾开学三周来的点点滴滴,一页一页翻看着自己的工作笔记。我终于发现,向来行事雷厉风行的我,太过于心急了,快刀斩乱麻般地希望能够快速建立起新班级的新规章、新文化,忙于出台一系列过去几年里积累下来的宝贵的班级管理战略。我的重心全部放在了重塑班级学风上,只从客观上希望班级快速整顿,尽早进入迎战中考的积极状态,而忽略了孩子们的心理需求。

中途接班的情况特殊,对孩子们来说我是一个集体之外的"陌生人",没有感情基础,没有信任前提,我还未能赢得情感支持,却期望收获变革成效,是本末倒置的管理方式。

我重新权衡,这个班级虽然原来确实存在很多管理模式混乱的问题,但我也应看到的是，班级学生本就缺乏集体荣誉感，班主任的离开让学生的情感更无处寄托，面对升学压力和变动，家长情绪也比较容易焦虑，再加上班级学生长期受到他者的消极评价，学生对自己的学习和所处的班级都没有信心。再加上班委缺乏威信，全靠班长一人的能力，在新班主任还未站稳脚跟的前提下，她要组织班委开展工作困难重重，因此，班级干部在开学三周不履行职责以至于让班级管理陷入困境，就不足为奇了。班风不良，集体缺乏组织性，纪律涣散，而在学生对我这个新班主任不了解、不信任、不接受的情况下，我忽略学生心理诉求，盲目提出高要求、高标准，更让学生无法与我在短时间内建立感情，甚至产生抵触心理。

总之，作为班级的管理者，我理所应当负起第一责任，除了对班级的分析外，我认真自省、思考后我归纳出三个症结：第一，接班前的畏难情绪是错误的根源，来自内心的抗拒让我处于"规避状态"中，以至于没有做好十足的心理准备和完善的"战略"措施，仓促冒失地开学接班，只能将自己置于被动的位置，没有以拥抱的心态真诚接纳这个新班级，班级同学也必然难以全心全意地接纳我这个新班主任。第二，未能充分了解学生，我带着耳听的传闻，带着自己的偏见走进了这个班级，只想以最迅速、最果断的方式"压制"学生，俨然在我心中已经将其定位为"问题班级"，这样的刻板印象阻止我真正地与学生亲近，没有真正了解学生，就不能洞察学生的需求和思想，也难以让学生感受到老师的关爱，学生无法拥戴这样的新班主任成为班级管理的掌舵人。第三，求胜心切，急于打破班级原定规章制度，每位老师都有自己的气质个性，以至于形成不同的带班风格，中途接班，师生双方都会因心理的不适应而产生教育的不协调，在磨合期宜循序渐进，逐渐破旧立新。

【解决措施】

其一，多种途径了解班级情况。中途接班前，师生经历了两年的长期接触，大部分学生已经适应了原班主任的管理模式，为了得到学生的认可，有效开展工作，首要任务是深入了解原班主任的管理模式。我重新主动联系原班主任，从她那里尽可能多地掌握了班级信息、学生学习情况和思想情况，建立了特别学生的个人档案，作为接下来开展工作的出发点和依据。接着我开展了一轮问卷调查，了解学生和家长的需求以及对班主任工作的支持程度，通过调查问卷的设定，进一步掌握学生的家庭状况、健康状况、爱好特长及家长期待等，为针对性管理学生日常学习做好准备。有了前两者的铺垫，在学校课间或学校活动中，我与学生的面对面沟通就更流畅了，也渐渐感受到与孩子们的亲近，获得了更多信任感，而这样的直接交流也更能让我直接洞察学生的所思所想，更真实、全面地了解相关学生的第一手翔实资料。

其二，循序渐进立威信、赢尊重。由于原来突然改变管理模式，学生很难适应，但原封不动贯彻原班主任的几乎完全民主自由、重点保护优生的管理模式又完全不符合我的风格，因此，我决定在原有民主的管理模式中不断融入自己的管理理念，既坚守原则，又遵循渐进性原则。例如，对于请假、做作业等原则性问题，我坚持向学生说明自己的管理方式并严格执行。安全是班主任工作中最重要的一项，对学生请假问题绝不模糊处理，严格规范请假条制度，要求家长电话说明理由；作业是学业成绩的基本保障，未完成作业的学生我一定跟踪到底，联结科任老师的力量共同管理，同时坚持反馈家长以期形成合力，多次未完成的则需要家长到校共同配合监督。而对于一些可弹性处理的问题，我会留给学生一定的适应期。比如，学生迟到问题，大多是由于习惯较差、容易拖拉造成的，我避开惯常的批评教育，抓住时机与学生交流，了解他们的心理需求，趁机开展家访，走入学生家庭，解决现象背后的心理危机，协助家长完善家庭教育。立威于法是前提，立威于理能使学生信服，而立威于情则能让学生真心愿意服从管理，甚至主动维护班级荣誉。老师的爱学生是能够体会的，这种心与心的对话，是班主任"不怒自威"的自信。

其三，于细节中耐心呵护点滴。由于班级原本的凝聚力较差，学生对个人的关注度大于对集体的关注度，因此，在制定了规矩后，我在很多细节上选择了身体力行。例如，走进教室看到讲台上有纸屑，我不指责劳动委员也不指责值日生，只是默默当着全班学生的面捡起纸屑；对个别学习习惯较差的孩子，我会在批改作业、试卷时帮学生理平常常蜷缩的页角，或者送给学生一个透明本套保护作业本；经常细心关注学生的面色，如有憔悴不适的，及时发现、及时关心，不让学生带病忍受……在一处一处细微中，逐渐让学生感受到新班主任的诚意。我还建立了"班主任密语信箱"，鼓励并欢迎班级学生与我沟通自己的学习或生活难题，尽可能在学生的生活中做一个倾听者，力所能及地帮助学生出谋划策解决困境。

其四，"二八定律"提升班委力量。班干部是班主任的左膀右臂，是实施班级管理的关键力量。我通过一段时间的接触，坚决更换了原来个别不能发挥模范带头作用的班干部，重组结构。从班长开始，我先走近了一批对班级比较热心的孩子，利用午餐、课间、"两操"期间和他们谈心聊天，关心他们的生活学习，成为他们愿意倾吐的对象，再鼓励他们发挥个人能力，投入到班级建设中。在培养他们的过程中，我没有放手，而是一步一步陪伴指导，教会他们与他人沟通的技巧、处理矛盾冲突的方法，逐渐增强他们的管理能力，甚至可以创造机会帮助他们取得威信。

其五，建立信心，增强集体荣誉感。这个班级在过往的两年中，经历过太多批评和指责，我承认我在起初也是满眼只看见了问题和矛盾，但是批评还是要讲求"度"。言语上的激励能给予学生希望，言语上的打击也能从心理上挫败学生自信，从而在行为上显现出来。我每天带着工作笔记本进班级，从除了学习之外的生活日常细节上，想方设法表扬学生：干净的黑板、整齐摆放的粉笔、学生互帮互助的瞬间、走廊偶遇时礼貌的问候……遇到科任老师的抱怨，不一味反馈给学生，压下心头的愤怒，重新分析问题，找到班干部一起讨论策略，而不是指责；而一旦遇到科任老师的表扬，则放大表扬，当着全班同学重点强调，改变学生对班集体的认识；每周五班会时间，都会预留十分钟给学生互赠"夸夸卡"，引导学生发现班级同学的闪光点，互相肯定和表扬。及时点亮学生心中向善的火花，抓住每一个可能的契机，引导学生的身心向着健康的方向发展，生发出更多对集体的爱。

其六，家校联手形成稳固合力。中途接班，仅仅了解学生的情况是不够的，还要尽可能获得家长的支持和理解。在开学一个月后，我逐渐开展家访工作，积极主动与家长接触，深入学生家庭，特别是主动联系临界生、心理特殊生、问题生，主动倾听家长的想法，了解学生在家学习和生活的情况。在此基础上，再定期邀约部分家长到校，以小组论坛的方式共商共量同一话题，集思广益探索育儿经验，也留出时间邀请各科老师解答家长们提出的各种疑惑，力求得到家长们的认可。

【后期效果】

找到问题症结后，我准确发力、耐心守候、恒心坚持，一个月后，不管从学习氛围还是班级凝聚力来说，班级都有了较大的改观，我能感受到一种新生的力量从班级中孕育而生：

1.最突出的学习常规改变是作业的提交数量明显上升，各科老师都反应班委和小组长更负责任了，之前未能按时完成作业的同学一方面为了得到老师的认可和肯定，另一方面不愿拖累小组积分，比原来更重视对自己的约束。

2.通过多样化地树立班级榜样，不仅肯定在学习上表现优秀的学生，更将目光关注到卫生、列队、跑操、艺术等方面，尤其关注学生间的互帮互助而非竞争关系，在课堂上为了"博取关注"而发生的讲话行为逐渐减少，更多地向正向行为看齐，班级氛围比较融洽。

3."班主任密语信箱"里收到越来越多学生的真诚来信，从最开始的"告状"，到分享学习困惑、家庭矛盾，再到分享班级学习、生活中的小快乐，学生与我这位新班主任的距离更近了。这份对新班主任的信任感，让班级大部分学生能够产生对班级的归属感，对班级的荣誉感也上升了，不知不觉间，集体自主能动的约束力量变得强大，班级学生比从前更在意班级在全校性活动中的表现，主动维护班级荣誉。

4. 之前无故迟到、缺勤的情况大大减少。在和家长坚持不懈的沟通中，赢得了班级大部分家长的支持，家长对班主任工作十分配合，不管是在考勤，还是在家庭作业监督方面，都比之前形成了一股更坚韧的向心合力。

总之，我和学生之间的距离越来越近了，我倾听到更多的声音，感受到更多的真诚吐露，整个班级的凝聚力逐渐形成，我对未来一年的相伴更有信心了。

【我的思考】

中途接班往往比常规带班所面临的境况更复杂、更困难，也更易出现师生、家校矛盾，这是每个班主任都要面临的职业挑战。班级管理制度的约束作用是在老师耐心、正确的引导下和学生自主、自觉的维系下，才逐渐真正发挥作用的。班主任是初中学生青春成长阶段的"重要他人"，一位好的班主任，亦师亦友，新班主任应未雨绸缪，抓住接班后的磨合期，深入了解、真诚管理、精心制定策略，培养学生对新班主任的信任感、亲近感，梳理对班集体的荣辱感和进退心，这些对于营造长期和谐的师生关系、构建健康向上的班级文化甚为关键。

学生没有良好的学习习惯，怎么办？

深圳市宝安区实验学校　杨灵风

【案例描述】

"杨老师，你快来看啊！小平把厕所门给砸了！"好家伙，好不容易班级拿了个学期文明班，却因为他把厕所门给砸了给弄没了。"杨老师，您班上的小平同学，仪容仪表检查不过关，他将校裤改成窄脚裤了，请让他整改一下。"德育处的老师兴冲冲地跟我说道。"杨老师，你班小平今早在学校抄作业，这是早读前没收的作业，您看看怎么处理吧。"教辅走到我跟前，汇报了小平同学的"战绩"。他叫小平，是班上最让我头疼的学生——上课睡觉，和老师顶嘴，满嘴脏话，作业总是欠交，有比较多不好的学习习惯，成绩是永远的倒数第一。最近我发现小平同学总是不交作业，每次都答应补齐作业，却一次都没有兑现过。到第五次时，我实在忍无可忍，迅速跟小平的家长取得联系，希望家长在家里多关注孩子的作业完成情况。家长满口答应，第二天小平上交作业的数量的确有所增加，但没过两天又故态复萌。面对学生没有良好的学习习惯，班主任该怎么办呢？我开始反思，必须要认真审视这个问题，耐心寻找对策了。

【案例分析】

小平父母，经常忙于工作。妈妈说她开了两个店，太忙了，没空管孩子。爸爸常年出差，辅导不了孩子。家访时，和家长交流孩子情况的时候，两个人不是在寻找原因，而是互相指责对方的不是。由于长期缺乏指导，小平的功课落下了很多，上课也因为听不懂而打不起精神。家长工作十分忙碌，经常忽略了他，久而久之，他身上出现了越来越多不好的习惯。从小学开始就一直处于受批评的状态，他自己就抱着"破罐子破摔"的态度，因为无法获得成功的体验而丧失自信。由于小学学业压力比较轻，还能勉强跟上，但是进入初中以来，随着课业压力的加重，基础不扎实，之前累积下来的问题一起集中爆发。这一系列的问题，一直没有得到很好解决，导致小平养成了不良的学习习惯（上课不听讲、不完成作业、违反班级纪律等），同时也成了老师们眼中的"问题生"。那班主任可以采取哪些措施帮助学生改善情况呢？

【解决措施】

美国著名的心理学家威廉·詹姆士曾经说过这样一句名言：播下一个行动，收获一种习惯；播下一种习惯，收获一种性格；播下一种性格，收获一种命运。可见习惯在人的一生中起着举足轻重的作用，初中三年是学生人生观、世界观、价值观形成的重要阶段，良好行为习惯的养成能够让孩子们实现自己的理想。但是良好的习惯并不是一蹴而就的，而是一个漫长的过程。

一、选好抓手，激发内力

内因是事物发展的根据，是第一位的原因，也就是说，要想改变一个人的学习态度，必须让他在内心上有所触动，抓住孩子的一次举手回答问题、一次作业完成及时、一次端正的坐姿、一个发光的眼神等等，来激发他学习的动力，树立学习的自信，让他尝到成功的满足感，这样他从根本上有了动力，学习习惯自然而然就会慢慢养成。

一天放学，我以补作业的名义把他留下来。"双减"后，同学们的作业几乎都能在学校完成，小平写完后，我送给他一个笔记本，表扬他："你瞧，你好好写，也能很快写完。老师相信，你是个有追求的孩子，不是每天都是来神游的，也不是那种不想完成作业的学生，是这样吧？"他用大大的眼睛看看我，肩膀轻轻颤动，低下头说，"老师，开学初我真的下定决心要好好完成作业，可有时候管不住自己。还有的时候，一看到作业就不知道怎么写，于是我就不想写了。""那你从什么时候开始拖欠作业的？""从四年级开始，那时爸妈每天都特别忙，也没时间管我。我没完成作业，以前老师和家长都批评我，说我太懒，只知道玩，我也想好，但有时候我觉得自己确实又笨又懒又爱玩，每天不愿学习，再努力也觉得学不好。"这次沟通使我意识到，我差点儿冤枉了一个好孩子，我原以为他是在不写作业、拖欠作业中尝到甜头后故意为之，原来老师和家长对他不交作业做了不正确的归因，又缺少方法指导，使他内心慢慢认为自己能力不行。他是在经历多次尝试失败后才开始绝望，于是形成了拖欠作业的习惯。于是，我先降低了对他的作业要求，英语作业先完成最基本的词汇题，只要他能完成，我就加以肯定。逐渐他有了成就感，慢慢地他上交作业的次数也变多了。

二、学会欣赏，成就习惯

每个人都有优点，只是或多或少的问题，大人也希望受到关注和表扬，何况小孩呢？表扬比批评效果更好。能激发学生的兴趣，让每个学生得到尊重，建立信心。正如罗丹所说："美是到处都有的，对于我们的眼睛不是缺少美，而是缺少发现。"班主任要善于发现学生的长处，发掘其身上的潜能，充分肯定，别吝惜"好话"，这样更能够使后进生重找回自我，获取战胜困难的更大勇气和信心。老师不光是要发现后进生身上的闪光点，而且要学会欣赏他们每个闪光点，并不断地给他们以表扬和鼓励。平时夸一句"你真行""好样的""我为你而骄傲"，这对于老师是举手之劳，对于那些一直受冷落的后进生，也许是一次心灵的震撼。

小平同学在一次单词竞赛中，他提前准备，课下努力背诵，取得了较大的进步，虽然还是不及格，但是他真的努力了，为此我在班上大力表扬了小平，并且颁发了一个进步奖给他，他马上在班上大喊道："我爸爸一定超级开心！我以后要好好地学习英语！"随后他的学习态度真的大为转变，上课会拿出书听讲，努力去完成老师给的任务。对于基础差到连 ABC 都不懂的后进生，我们更应该尊重他们，即使一点点的进步都要被发现，也许就是这样的发现，会起到不一样的"化学作用"。

三、善于换位，相互理解

老师想要真正了解学生的需要，就需要与学生换位，站在学生的角度想去问题。班级管理常常会有这样那样的琐事，学生总会出其不意地又给你制造一堆事，当班级学生又给你闹事的时候，是马上跑去"炮轰"学生呢？还是停一停，站在学生的角度去想一想呢？很多时候班主任跟学生闹僵就是因为有时候太冲动处理事情了，没有多想想为什么学生会这么做。

小平他常常喜欢标新立异，把校裤改为窄脚裤，或者把头发弄得奇奇怪怪的。班级为此丢掉不少文明班评比的分数，对于他这种屡教不改的行为，我曾想把他大骂一顿，总觉得他是有意跟我对着干，但是后来冷静下来想了想为什么他爱那么做，也想想以前的自己，从小在深圳长大的我，也曾改过窄脚裤、染过发、剪过奇怪的发型，都是出于好奇和想引起别人的注意，并不是说故意跟班主任过不去。这样子从他的立场去想，似乎整个事情也都不一样了。我找到他来谈话，跟他说起过去的我，慢慢引导他改变。经过那天的聊天之后，他终于把他的头发剪了，买了条新的校裤，精精神神地出现在我面前了。

因此，我们要善于以儿童的视角去看问题，只有当你把自己也当作一名未成年的孩子而不是一位高高在上的老师时，你才会真正了解学生的需要和感受，你就能理解那些基础很差、上课根本听不懂的学生的痛苦了，你就能理解那些总是挨批评、偶尔受到一次表扬就欣喜若狂的学生的幸福了。那么，你当然会成为一位善解人意的班主任，学生喜欢你那就是顺理成章的事情了。"亲其师信其道"，对于后续的习惯养成，学生也会朝着你所想要的方向去发展。

四、父母陪伴，保驾护航

孩子的自控力薄弱，如果能获得家长的支持，效果肯定会非常好。我通过谈心的方式，让小平的父母知道，在孩子成长的关键期，作为父母忽视孩子习惯养成教育的危害性，指出好习惯是孩子享受一生的重要品质。我批评了小平父母在孩子成长过程中的"缺位"现象，当我说到小平无故旷课，跟同学打架斗殴的时候，小平的父母再也坐不住了，他们拉着我的手颤抖地说："谢谢老师的指导，我们原以为挣钱就是为了孩子能够幸福，没想到孩子会出现这样严重的问题，我们只顾赚钱，不管孩子，挣再多的钱又有什么用呢？我们一定改正错误，培养孩子的好习惯，还孩子一个美好的人生！"我告诉小平的父母，家庭是孩子成长的第一课题，父母是孩子的第一任老师，孩子在小的时候习惯的养成主要来自家庭。为了改掉小平不良的习惯，在孩子面前不要吵架，要学会心平气和地沟通，给孩子做表率。我针对孩子具有的这些不良的行为习惯的形成进行原因分析，让家长知道自己在接下来一段时间该如何做，然后和家长制定了一些具体的方案。小平父母被我的诚心打动，当即表态，从今晚开始，爸妈至少一人八点前回家陪伴孩子写作业、说说话。对于父母这点儿"牺牲"，我觉得足够了，一切都在往好的方向发展。

【后期效果】

　　心理学家研究发现，良好习惯的养成需要 21 天，然后需要 90 天的反复。我想，在小平改变的路上，取得点滴的成就并不难，难的是彻底改变。孩子的自我控制能力较弱，因此需要我们为他建立防止不良学习习惯加深的"自助系统"。

　　三周后，我尝试让小平自行回家完成作业。临放学时，我给他一张作业记录单，让他把当天需要完成的作业记录下来。回家后，每完成一项就做个标记，直至所有项目都完成。使用表格记录的方式便于他清楚、直观地看到自己哪项作业没完成、哪项作业已完成，不至于把作业变成一笔糊涂账。我将小平每天的点滴进步及时告知家长，坚定他们的信心，让他们看到努力的收获，建议他们在日常交流中经常肯定孩子完成作业的行为，慢慢让他内心建立起"完成每天的作业就是我应该做的事，完成作业好处多"等观念。

　　另一方面，我积极跟小平沟通心理感受，如果他再出现不正确的心理归因，我就会及时干预并矫正。我随时抓住他点滴的进步引导他、鼓励他，及时加强对他的学业辅导，增强其学习能力，只有切实提高孩子的学习能力，才能让他内外共进步，彻底解决这些坏毛病。在这样的潜移默化中，小平拖欠作业的问题逐渐减弱。然后我再渐渐地将他其他的坏习惯进行引导纠正。我相信总有一天，他会走出这个泥潭，成为一个乐观自信的孩子。

【我的思考】

向日葵向阳而生，每天追逐着阳光，吸收着阳光，把自己的生命，也绽放成了一束束耀眼的光芒，温暖着大地，温暖着自己，温暖着世上的人们。作为教师，我们也不能忘记初心，要让"儿童站立学校正中央"，时刻让学生感受那份爱，那份温暖。学生不管是好的行为习惯还是不良的行为习惯，都不是天生就有的，都是有一定的原因的。对于好的习惯我们要给予表扬并发扬光大，让其作为其他学生的榜样，同时还要从他的身上借鉴一些好的教育方法。对于不好的行为习惯要从各个方面去了解、去观察，找到原因后根据不同孩子的气质特点、性格、家庭教育等方面给予适当的教育和帮助，让他逐步形成好的行为习惯。作为班主任，我们要及时关注学生不良学习习惯背后的心理需求，以足够的耐心和智慧的方法启发、引导学生朝着正确方向发展，向着阳光的方向奔跑。我相信，在充满爱的阳光照耀下，每一棵小幼苗都会茁壮成长。

班级出现不良舆论，怎么办？

深圳市宝安区石岩湖学校　曾宪梅

【案例描述】

由于学校工作安排，我是当了两年科任老师才开始当班主任，由于有过九年级教学经验，很多家长认为我经验十分丰富，对于我的班主任工作有非常高期待，实际上我并没有进行过七年级教学，而且是第一次担任班主任，班级初期建设并不是十分理想，很多工作是滞后的，导致我经常成为"消防员"，哪里有火扑哪里。

我所带的班级，50个学生，男生居多，但却没有想到他们大多数在幼儿园、小学的时候就认识，除了第一天略带羞涩，表现比较乖巧，但第二天就开始显露真实的面目，爱说话、爱闹腾、不守纪律，各个老师都反馈过分"活跃"，而实际要到为班级出力的时候，没有学生会主动，很多时候需要老师去推动。

加之我的性格是比较爱操心的一类，属于勤奋的"保姆型"班主任，事事提前想好，要求十分详细具体，这对于七年级的学生而言，还比较好管理，学生还能够听从老师的话。但随着时间的流逝，学生叛逆心理越来越强，学生明显不像当初那样事事都能够听从老师的话，八年级上学期开始给人感觉非常"油腻"，油嘴滑舌的学生明显增多，学生爱讲脏话，喜欢通过阴阳怪气的方式对班级同学进行嘲笑，班级逐渐不受控制，让我非常头疼。

而正当我十分头疼不知道如何解决的时候，班上的学生仿佛像脱缰了的野马般不受控制，从之前的悄咪咪地对同学冷嘲热讽，到课堂上出现不良舆论，价值观不正确的话脱口而出，例如在课堂上公然开黄腔引人不适，对于班上表现比较独特的同学进行言语的嘲讽，表面上夸奖同学，背地里对同学的行为评头论足；对老师也不是十分尊重，对于老师身体不舒服并没有表示关心，反而是希望老师最好病久一点儿，对课堂上积极回答问题的同学，是会进行热烈地鼓掌，但同时会伴有"啧啧啧"的声音或阴阳怪气的"哎哟，你真厉害"的声音，让同学们不敢举手回答问题。

班级不良舆论的出现，品行不端的学生兴风作浪，乖巧的学生苦不堪言，也不敢发声，导致班级学风、班风糟糕，人人只管好自己的一亩三分地，甚至有个别学生因此不愿在班级有过多的言论，或者是跟风从众并引以为傲，这也让每一个科任老师过来上课的体验感极差，每次上课仿佛在进行打地鼠游戏，导致教学进度滞后，纷纷跟我投诉班级情况。

总之，班级出现不良舆论引发了系列问题，我不得不重视，并要立刻去解决，否则这个班级将会失控，对于其他想学习的孩子则是不公平的。

【案例分析】

这次班级出现不良舆论的问题，并不是突然爆发的，问题的显现是有端倪的，是有迹可循的，是长期以来的不良习惯纠正得不够彻底导致的。说到底，一个班级出现大问题，很多时候是班主任对问题的发现不够敏锐，看似天天在班级里晃悠，实际上班主任的威信是不够的，学生并不买账，七年级还可以维持表面的和谐，当到了八年级，学生摸透各个老师的秉性与底线，与同学们也变得熟悉无比了，于是就开始放肆，任意妄为。

当然，除了班主任没有保持敏锐的洞察力，从而防微杜渐之外，也和班级的规章制度有非常大的关系，班级没有制定相应的奖惩制度，一旦出现违纪行为者，班干部首先要及时将情况告知班主任，让班主任了解到一些隐形的班级动态，同时帮助班主任出谋划策，而不是仅当一名默默无闻的旁观者，班主任再及时解决问题，防止问题恶化。

而这次班级不良舆论的出现，最根本的原因是学生自身的行为规范意识不强，三观不正，没有意识到不良舆论的出现带来的伤害会有多大，贪图一时爽快，这也和学生从小到大的成长环境有关，文明用语的习惯没有培养好，集体意识的淡薄，家长在品德教育方面引导的缺失，只关注孩子的成绩，却忽略了成长道路上，价值观的塑造也是非常重要的。

而且，在初中教育阶段，八年级是关键期，是学生心理与生理发生巨变的时期，是教育的重要时期。此时八年级的学生正处于少年到青年的过渡阶段，其心理发展具有过渡性、动荡性、闭锁性与社会性的特点，心理发展具有半成熟、半幼稚的过渡特点。所以这时候，会出现不良舆论并跟风的现象，也和八年级学生身心发展规律有关，那这时候更需要老师、家长的介入，及时扭转学生扭曲的价值观，引导其走上正道。

总之，通过梳理并分析班级出现不良舆论的根本原因，我认为主要有三个方面：一是班主任、家长没有及时沟通交流，没有关注孩子的身心全面发展，只关注到成绩方面，并且没有防微杜渐，进而进行及时疏导；二是班级没有凝聚力，出现不良舆论的时候，全班同学应该及时制止并抵制这种不良现象，而不是只关注自己的学习，否则最终也会影响到自己；三是班级规章制度要更加系统地管理，民主与专制结合，班主任的威信力也需要起到作用，通过科学合理的奖惩制度，激励先进，惩罚违纪者，让班级高效合理运转下去。

【解决措施】

根据班级的学情与问题发生的紧迫性，首先，我先针对班级出现不良舆论的现象，对班级不同群体的同学和科任老师进行抽样调查，了解全面的真实情况，做好资料的详细记录与追踪，并将此情况形成班级情况匿名通报说明文字稿。基于实证调查研究后，我紧急制作相应的主题班会课件，管住你我的嘴巴，共同营造大家庭。在班会课上，我先拿出一张洁白干净的纸，请同学们大胆地说出你平常在班上听到的不良舆论，一开始学生们不敢发言，在一番推心置腹的话语后，同学们纷纷说出自己经历过的事情和感受，每当说出一次自己如何被不良舆论伤害到的时候，我就用笔戳一下白纸，同学们说完后，我将白纸展示给全班看，并问大家有何感受，全班同学都不约而同地说出，每一次的不良舆论都会留下不可磨灭的痕迹，即使我们再如何去抚平伤口，终究还是会有道伤痕在，不少同学这时候低下了头，沉默不语，若有所思。紧接着，我趁热打铁，把近期班级出现的不良舆论进行汇总，并对领头的同学进行通报批评。然后，再让班干部起头，共同商讨完善班级的规章制度，制定相应的奖惩措施。最后，给全班同学针对此次不良舆论现象，写下反思、承诺与保证，并有仪式感地按下指纹，交给老师妥善保管，若有违反者，按照自己所写的惩罚措施来执行。

对全班进行了一番思想教育后，课下及时跟带头的那几个同学进行单独谈心，深入了解他们此番行为的动机，是真的价值观扭曲，还是为了博取关注而已，在深入了解后，进行有针对性的谈话，引导他们该如何树立正确的价值观，如何规范日常行为，做好君子间的约定，同时引导他们在班上发挥正能量，规定每天做一件好事，得到同学们的夸奖，做好记录，达到了目标即可来老师这儿领取全班性的表扬和小小的奖励，以正面管教的力量去引导这些暂时"迷茫"的孩子们，希望他们能够迷途知返。

除了在学生层面做出相应的措施，家长方面也是少不得的，当天我就形成简单而严肃的情况说明及倡导书，当然采取的是匿名的方式，还是要给孩子们改过自新的机会，在家长群中号召家长重视孩子们的品德教育，同时私聊一些家委起带头作用，积极响应老师的号召，以此方式方法激发家长们对孩子们的三观塑造的重视，更稳当地走好人生路。

问题并不是一天就可以完美解决的，随之班主任还是要继续根据实际情况完善班级规章制度和奖惩措施，做好相应的追踪与材料记录，也要适时地营造良好的班级氛围，制作夸夸榜，鼓励学生们发现身边同学的优点，发挥正能量。同时，我也要不断地学习，多看书，多钻研学生心理，多向优秀的前辈学习，以便下次更游刃有余地去解决问题。

【后期效果】

在以上三大措施的实施下，班级舆论得到了大大的改善，不管是班级凝聚力还是学习状态，都出现了非常大的改观：

1. 带头煽动不良舆论的学生在老师的一番深入谈心后,感受到了老师对他们的关爱,也明白了老师的用心良苦,再加上老师的激励,这些同学逐渐找到自我价值,获得了成就感,并不需要老师提醒,都会发自内心地去夸奖别人。

2. 经过那次特别的主题班会,同学们记住了那张特别的纸,记住了伤痕的深度,以后说话做事前都会三思而后行,其他同学看到有不良舆论出现的苗头都会及时抵制,共同维护大家的班级,班级凝聚力越来越强。

3. 经过这次特别的倡导书,家长们重新审视自己的教育方式,重新深入了解孩子的内心,再次进行亲子之间的沟通,交流彼此最真诚的想法,做出约定,走好人生路,班级的亲子情感得到了强化,家校更好地合力去帮助孩子的成长。

总之,班级舆论逐渐向好,班级重新焕发生机,孩子们的归属感增强,凝聚力增强,从而班级的学风、班风也越来越积极阳光,受到许多老师的喜欢,不再是之前那个令人"头皮发麻"的班级。

【我的思考】

这一次的班级危机,不如说是一次很好的契机,让老师、学生和家长重新审视自我,并进行自我调整。每个班级都会有大大小小的问题发生,我们并不要害怕问题本身,而是要去分析问题背后的本质,根据问题因势利导,将问题化作机会,这其实就是我们教育的过程,也是在这一过程中,我们更加地了解彼此,用真挚的灵魂碰撞另一个灵魂,才能真正地让每一棵小树苗长成参天大树。

班主任带班效果不理想，怎么办？

深圳市宝安区实验学校　王江

【案例描述】

刚工作第一年，由于学校工作安排，我只当了两周的班主任，一直觉得是一件憾事。到了第二年，终于可以有机会带自己的班，成为一名班主任了。

我所带的是刚从小学升入初中的七年级新生，全班49个学生，男生居多。第一次进班和他们见面，看到刚刚军训完的他们，坐姿端正、仪容整洁、精神抖擞、眼里有神，我心想：他们应该很听话，带起来会比较容易。

然而，正式上课几天后，问题一步步显现出来。英语老师跟我说，她上课时，总有几个人接话，还嘻嘻哈哈地笑着模仿她，让她很生气；数学老师同时带另外一个班，相比而言，她觉得另外一个班的数学作业交得更齐，全班学生对数学也更为重视；历史老师也在有一天上完课后，走到我办公桌前，有点儿生气地说：4班有几个学生，根本不交历史作业，一个字都不写……面对科任老师们的反馈，我顿时意识到问题比较严重，而他们在我课堂上或是语文学科作业上的表现，并不符合班级的实际。

接下来的时间，孩子们对班级环境和老师慢慢熟悉起来，有些学生之前的坏习惯开始慢慢显露。小滑同学总是早上迟到，而且上课时故意打喷嚏影响班级其他同学；小高同学更是调皮，坐不住，好动，老师一转向黑板他就开始"表演"；小管同学和小曼同学小学基础不好，上课处于一种游离状态；还有小刘同学，据她小学同学说，她每节课都在睡觉，我也有听老师们反映过她的这个问题；最让人担心的还是小林同学，从小缺少父母的关爱，性情古怪，容易冲动，有次午餐午休，他就和管理员起了矛盾，直接顶撞管理员，然后跑掉，在午休的我，接到电话赶紧飞奔到教室，后面在学校另外一层教学楼看到他在着急地跑着，好在没出任何事情。

我也开始深入班级，暗中观察，发现了不少问题。印象最深的是有次地理课被几个学生带动气氛，整节课秩序很乱；早锻炼的时候，班级好几个男生挤在一起聊天。第一次学业质量检测，班级各方面表现不好，特别是数学学科，获得A+、A的人数很少，及格率也偏低。我看到这些数据时，感到非常惊讶，也认识到班级面临系统性的难题需要解决。

总之，面对以上班级从点到面暴露的种种问题，我不得不承认一个事实：这个班在开学初的运转和学生表现，是不理想的。

【案例分析】

一个班出现问题，大多原因是班级管理出现了问题，班主任则是第一责任人。首先，自己在班主任工作方面，还没有很多经验，处于摸着石头过河的阶段，对于起初老师们反馈的问题，我以为是他那个学科、那个课堂的，属于个案或者偶发现象，并不足以说明整个班出现问题，发现问题不够敏锐，对暴露的问题也就没有特别重视。因此，当班级出现任何一个小问题时，班主任要本着追求真相的精神，深入学生中间，深入老师中间，去求证，然后找到解决问题的方法。

当然，班级制度不够完善也是一个重要原因。由于没有自己的带班思路，照搬别人的班级制度，没有根据本班学生的特点，导致班级制度不成体系，处于一个虽有班规但无实际管理效果的状态。

其实任何一个阶段的学生，都在成长变化中，进入七年级的学生也是如此。刚刚军训完的前几天，他们的行为习惯，还受制于军训的影响，但是当他们回到课堂，回到教室，之前在课堂和教室的记忆就会被唤醒，进而会慢慢出现各种问题，可以说49个学生就是49般"风景"，这也属于正常，关键是这49般"风景"什么时候该表现出自己独特的一面，什么时候该为集体服务、为课堂服务、为学习服务，还有如何把不该有的"风景"改掉。

要有学生和班主任之间良好的问题反馈渠道。这里所说并不是"打小报告",可以说49个学生生活学习在一个环境中,每天必定有各种各样的事情发生,而班主任不可能每时每刻在他们身边。那么,建立一个班级问题反馈通道就很有必要。在开学初期,没有及时了解学生,没有及时设立问题反馈制度,导致班级出现问题后,身为班主任的我,知晓信息的时间有很大的滞后性,那问题堆积时间久了,小问题也会变成大问题。

总之,通过梳理并分析班级出现各种问题的根本原因,我认为主要有三个方面的原因导致带班效果不理想:一是班级没有凝聚力,需要形成班级文化,如上课影响他人、跑操聊天等现象,就是班级没有凝聚力的表现;二是班级没有系统制度来管理学生的日常、课堂、作业等,如不交作业、容易迟到等现象就会随时出现;三是班主任权威性还没树立。

【解决措施】

结合班级学情和自己的带班理念,我在第六周和班级同学确定了班级文化:脚踏实地,仰望星空。先说一下班级文化确立的契机,马上国庆节了,学校要求制作一期国庆节主题的黑板报,我和班级学生一起确立了基本内容,有写给祖国的诗歌,有奔驰的中国高铁,有腾空而起的神州火箭,有遨游在太空的中国飞船。板报基本完成后,小陈同学突发创意,将剩下的粉笔磨成细碎的小粉尘,洒向黑板,宛若点点星空。我在班会课上给他们讲了这期黑板报大家的付出,已及所有同学的精彩表现,也介绍了中国航天人的伟大精神和神舟飞船的历次起飞与荣耀,看到他们眼睛里闪着期待的目光,我就说:我们班的每一个孩子都在茁壮成长,就像中国航天一样,从弱到强,但是我们一定要先脚踏实地,一步一个脚印,走好当下的路,才能实现自己心中的梦想,才能有资格仰望自己的星空。

后来,无意中看到北大宣传微电影《星空日记》,讲述的也是一个小男孩对宇宙太空的好奇,然后通过自己的努力,考入北京大学的励志故事。将此片和黑板报,还有他们的家庭和未来的目标进一步结合,最终确定了"脚踏实地，仰望星空"的班级文化。所谓"脚踏实地"就是做任何一件细小的事情，都要求真务实，一步一个脚印，只有这样，才能走得更远；当然，为考100分而读书，这种读书，其效果也大打折扣，一定要有理想，而且是远大的理想，要有家国情怀，这样读书的动力更足，目标更坚定，所以也要"仰望星空"。后来几次班会中，当再次谈及"脚踏实地，仰望星空"这一七年4班班级文化时，他们的眼睛依然散发出迷人的力量，当然，班级凝聚力也在这样的班级文化下慢慢形成。

第二个关键措施是班级量化考核。尽管在此之前，我给班级用文字形式制定了每日常规、课堂要求、跑操要求、作业要求等，但效果都不是很好，原因在于不够系统、具有随机性、反馈不及时也不是很直观。于是我就借助数学思维，用数字说话，而且是公平的数字，这样既解决了文字形式各种制度的缺陷，也维护了班级公平公正，树立了班主任权威。班级量化考核表制度的总原则是：用客观、真实、较为科学的数据，对学生进行一个立体评价。

可以说，班级量化考核表从一开始的一张只是包含作业和迟到情况的简单A4纸，到后来把学校德育考核、班级作业管理、班级常规管理、课堂学习管理等包含在内的四张A3纸；从个人评价走向小组评价。这期间，每一周是一个试运行的状态，每一周都会对这张表进行调整。由于周一至周五没有整块的时间去思考，那段时间，一到周末我就和这张表打交道，修改、打印、张贴、统计、分析。试运行几周后，班级量化考核逐渐成形，学生们一步步成长，班级也一步步进入正轨。

在这个过程中，我也下定决心成为学生心中的榜样，每天早上提前15分钟到班级，告诉他们要有时间意识，最起码不能迟到；我还每天晚上抽出时间读书，比如《班主任兵法》《爱心教育》等书，边阅读边反思自己那一段时间的做法；我还请教身边的同事，有时去他们班级，学习他们班级的制度建设和文化建设，也就逐渐清晰了自己的带班理念。

【后期效果】

在班级文化和班级量化考核制度的互相配合下，不管是班级凝练力还是班级学习状态，都出现了很大改观：

1. 从学生的散漫、不重视个人卫生，到越来越认可我们4班、维护4班的荣誉，他们也喜欢在卫生整洁、学习上进的班级里学习，早读的声音、跑操的声音，都整齐而有力量。

2. 老师们的夸赞也多了，不再有老师因为学生出现问题而生气。他们还说，4班的作业在早读前就收齐了，上课前就能改完，他们也喜欢去4班多给他们讲一点儿，课后找老师沟通的学生也多了。

3. 之前个别学生存在的一些小问题，也在班级整体气氛带动下有所改观，至少不再影响班级整体学习，比如说小高同学在课堂上不再左顾右盼，能够比较安静地认真听课了，而且他的数学进步很大，有次还考了班级第二名的好成绩。

4. 学生很重视自己在班级量化考核中的表现，一是每周班会课会进行点评，二是每时每刻的数据都在班级展示，学生们的行为习惯也好多了。因为班级量化考核比较注重公平，学生之间相处也很融洽。

总之，那个惹老师生气、交作业散漫、没有凝聚力的4班焕发新的生机，我也越来越享受和他们在一起。

【我的思考】

磨难在所难免，自我反省弥足珍贵。我将它视为一次机会，一个平台，更是一场试验。班主任是一个班的首领，同时也像一颗小水滴，从这颗小水滴中可以观察到班级的全貌。班主任给了我一个更为理性、更为广泛的视角，让我可以以实践的方式，接触到学生管理的方方面面。看着班级越来越好，本身就是一种"观赏风景"般的幸福，当然也从中体验到了很多研究工作的乐趣。

每周一次主题班会，不知道讲什么，怎么办？

深圳市宝安区实验学校　邓娴娴

【案例描述】

班会课，是班主任对学生进行思想道德教育的主要途径，广义的班会课包括四大类型：班级例会、班级活动、主题班会课和班级会议。狭义的班会课，指的是主题班会课。主题班会课目的在于引导学生树立正确的人生观、价值观与世界观，可见，班会课的意义重大。

一堂好的班会课设计，需要具有以下特点：其一，具有鲜明的主题，从学生的实际出发。其二，德育方向明确，对学生起到思想教育的作用。其三，学生能参与其中，并积极体验与感悟。其四，班主任要有深度地引导，与学生产生共鸣。

目前，大部分的中小学校，班会课都是每周设置一节，但是班主任们事务繁多，经常为班会课的内容头疼，不知道该讲什么，怎么办呢？相信很多班主任都有过以下几种经历：

比如，迫于没有时间准备，可能会直接找到之前上过的班会课课件，然后在上课的过程中，发现课件中的内容未及时修改，与学生实际不符，站在讲台上，显得很尴尬。

再比如，在上班会课的时候，一点儿都没有安排相关的活动，只是对着幻灯片照念，随着一页一页幻灯片过去，很多学生打起了哈欠，他们的反应表示对这样的班会课不感兴趣。课后，还听到学生们在议论："这节班会课有点儿无聊。"

还有，班主任想总结上一周的班级情况，絮絮叨叨地讲了半天，说到班级出现的不好现象时，可能还会生气地说上一通。殊不知底下坐着的学生半句都没听进去，甚至会有点儿难受，因为学生觉得自己变成了受训的对象，而不是参与到班会课中去的小主人。这样的一节班会课也是无效的。

或者，班会课的内容形式设计过多过杂，比如有游戏、小品、故事、辩论、采访、唱歌……学生感到难以完成的同时，这样一节班会课的教学目的也未能达到。

可能还有的时候，班主任在班会课的最后，没有去设计一些引发学生思考，或者师生深入探讨的问题，那么一节班会课下来，总觉得少了点儿什么东西，因为，班会课主题的升华，是一节班会课"灵魂"之所在。

近年来，国家高度重视思想政治教育活动，陆续提出了立德树人、"三全育人"等主张，也要求大力培养"四有"好青年，这就说明，班会课越来越重要，因为它有助于学生形成完善的个人品质和道德行为。

【案例分析】

主题班会具有育人的巨大潜力，能让学生得到精神层面的灌溉和提升。我相信每一个班主任都深知主题班会课所能起到的重大作用，但为什么会出现如上种种问题呢？我的分析如下：

班会选题时，主题选择不够具有科学性。主题是班会组织、开展的核心，所有的讨论、活动流程均要围绕主题开展，主题本身是否科学、贴合度是否足够，直接影响班会德育效果。

班会内容、形式过于单一。据调查，目前中小学班会课在形式上多数以由班主任空洞说教、学生回答式参与的传统模式开展；内容上，班主任未能以学生身边的事例为德育素材，远离学生自身实际，导致班会内容空乏无味，学生失去上班会课的兴趣，也可能会慢慢觉得，班会课一点儿都不重要。

班会课上没有设计引发学生思考的环节。比如说，到一节班会课的最后，如果草草地以唱一首歌、念一首诗、读一句名人名言结束，那么这节班会课就没有起到它该有的作用。或者有此设计，但是因时间分配不合理，导致学生没有认真思考、发散思维、引起共鸣的机会。

班会课中学生没有获得体验感。换句话说，班主任们忽视了班会课堂中应有的"情感场"。班会课中没有关于情感体验的元素，那么学生就无法面对自己的真实情感，也就无法理解班会课所要表达的真正含义。我们常提到的"体验式学习""沉浸式学习"，再每周一节的班会课中，也同等重要。

班会课设计未能突出学生的主体地位。当前的课程改革，强调以人为本和发挥学生的主体作用。但一些老师所理解的课程往往仅限于教学，很少想到班会课更应该强调以人为本，突出学生的主体地位。缺乏学生主体地位的班会课，老师说得再多，对学生而言也是过眼云烟，教育效果甚微。

【解决措施】

随着新时期立德树人战略发展普及，主题班会的德育功能也被充分挖掘出来。从实践角度看主题班会主要包含两方面价值。首先，有助于学生形成完善的个性品质和道德行为。其次，有助于增强班集体凝聚力和团结力。学生可以在相互讨论、合作过程中感受到协作精神的重要性，确保班级凝聚力、团结力的提升。那么，班会课该讲些什么呢？

立足重要节日选题。我国有诸多教育性节日，比如全国禁毒日、学雷锋日、爱眼日、国庆节等，从国际视角看还有母亲节、植树节等，班主任们可以把握住这些节日契机，适时开展相关主题的班会活动，帮助学生梳理节日背景知识等，使之逐步建立起坚固、端正的思想道德堡垒。

设计系列化主题班会。举个例子，我们开展"好习惯养成"的主题班会，可以安排几周的时间来完成，如第一周的班会课内容为，收集"好习惯"清单并分享；第二周的班会课内容为，我的"好习惯"有哪些；第三周的班会课内容为，"好习惯"给我带来了什么。这样的系列化班会课，既能让班主任们每周知道该上什么，又能起到跟踪效果。

结合学生存在的突出问题来确定班会课主题。班主任在跟班过程中，要善于发现班级的亮点与缺点，及时记录下来，对于班级学生普遍存在的问题，可以形成下一周的班会课主题，如在一周内学生的卫生习惯存在很大问题，那么班会课主题可以为"责任与人生"。再比如，学生在感恩父母这一方面的意识不强，那么在下一周，班会课主题可以确定为"做一个有感恩之心的孩子"。

平时注重积累德育素材。如果班主任们细心观察，其实身边很多德育素材都可以成为平时班会课的素材，比如以生命教育为主题的"生命列车"班会课；关于学习生活态度方面的"学习上求真，交往上求善，生活中求美"班会课；以挫折教育为主题的"风雨过后有彩虹"班会课。所谓"不积跬步，无以至千里"，只要我们平时注重积累，记录素材，那么每周班会课的内容就不再是烦恼了。

尽量让班会课形式不单一，做到心中有数，自然不愁上什么内容。比如班主任可以根据学生实际，以辩论赛或者演讲比赛的形式开展班会课，既能让更多学生参与其中，也能使班会课主题得到升华。假如班上有学生沉迷网络的现象，那么可以开展一堂辩论赛形式的班会课，正方辩题为"网络给学习带来的好处"，反方辩题为"网络给学习带来的坏处"。

【后期效果】

因为一直以来，我都是有计划、有方向地对班会课进行设计与思考，因此，每一周的班会课应该上什么内容，我能做到心中有数，另外，班会课所要起到的德育效果也比较明显，主要表现为以下几个方面：

其一，班级学生对每周的班会课很期待。几乎每周，都会有同学跑来问我："老师，下一周的班会课上什么呢？会不会和这周一样有趣？"我听到这样的问题，心中窃喜。这说明，我确定的班会课内容、设计的班会课流程，能吸引学生们的兴趣。

其二，班风、学风明显好转。我新接手的这个班级，大部分学生的学习习惯、行为习惯都不怎么好，我选择的其中一个办法，就是通过开展班会课去解决一些问题。因此我在设计班会课时，一定会结合班级学生的实际，有针对性地让学生们有所思考、有所触动。一节准备充分的班会课，对学生的影响还是较大的，大家知道了问题所在，相互督促，相互进步，班级氛围变得和谐、民主。

其三，学生的主体地位提高了。一节设计、内容充分的班会课，肯定多数会以学生参与为主，如发表见解，参加班会活动等，这样一来，学生觉得自己不再是独立的个体，而是集体的一分子，他们有表达权、表决权，学生主体地位的提高，使班主任的班级管理也顺畅了许多，因为班级的每一个问题、每一项班级事务，有了学生的参与，更加能迎刃而解。

【我的思考】

主题班会是素质教育背景下，极为关键和必要的育人平台和渠道，能够分担思政课程育人重担，帮助学生养成良好的道德理念、道德行为，体现"三全育人"、立德树人的基本理念。因此在实践中，班主任务必要正确认识其价值功能，结合教育任务、突出问题选择科学主题，结合德育内容引入真实情境、德育游戏等增强其创新性及趣味性，重点把握以学生为主体的基本原则，在此基础上精心筛选素材、完善组织流程、开展实践活动，为班会育人效能的发挥奠定坚实基础。

班主任沟通篇

科任老师工作方法欠佳，怎么办？

深圳市宝安区石岩湖学校　饶慧娟

【案例描述】

"老师，我真的不想学数学了，太难了！林老师讲课我根本听不懂。"这是近期我听到班里大多数女生的反馈，林老师是我们班的数学科任老师，但是她的教学方法过于传统，通过学生的反馈了解到，林老师的课堂气氛沉闷，总是一言堂，没有给学生自主学习的机会，学生们对她的课兴趣索然。林老师也总是喜欢将课本内容按部就班地讲解，而没有尝试将数学知识与现实生活结合。课堂上，林老师总是念念有词，学生们却是没精打采。同时作业量过大，学生课后需要花大量时间完成数学作业。课后，林老师经常过于严厉，不耐心解答学生的疑问，使得很多同学对数学产生了抵触心理，导致班级的数学成绩整体下滑。面对这种情况，班主任和其他老师都非常担忧，希望能找到有效的解决办法。

林老师的工作方法存在一些问题。

具体表现为：

第一，课堂教学过于注重知识传授，忽视学生的思维能力和学习兴趣的培养。

第二，学生作业量及批改存在问题。数学作业量过多且难度大，学生完成数学作业时间长，林老师在批改作业时，过于关注学生的错误和不足，而忽视了对学生优点和进步的肯定。此外，老师在批改作业时往往只给出纠正错误的答案，而不进行详细的解析和指导，导致学生在相同问题上反复出错。

第三，与家长沟通不足。科任老师在面对家长时，往往过于强调学生的成绩和问题，而忽视了对家长的关心和支持，这使得部分家长对该科任老师产生了误解和抵触。

【案例分析】

第一，科任老师工作方法问题成因：

首先，这位科任老师可能缺乏教育教学经验，没有形成成熟的教学方法。同时，她可能过于注重学科知识的传授，忽视了学生的个性发展和综合能力的培养。这导致她在课堂教学中过于重视知识传授，而忽略了培养学生的思考能力、创造力和团队协作能力。

其次，科任老师在批改作业时，可能存在对学生要求过高的情况。林老师在追求学生的完美表现时，忽视了对学生进步和优点的肯定，导致学生在学习过程中缺乏自信和动力。此外，她对学生作业的批改过于简单，未能为学生提供有益的反馈和指导，使学生在相同问题上反复出错，不利于学生的成长。

再次，科任老师在与家长沟通时，可能过于关注学生的表现，忽视了与家长建立良好关系的重要性。这可能导致家长对科任老师的工作产生误解，影响家校合作的效果。科任老师应该意识到，与家长保持良好的沟通，能够帮助家长了解学生在学校的情况，共同为学生的成长创造更好的环境。

第二，学生、家长和其他教师的反馈：

学生们普遍反映，这位科任老师的课堂教学方式较为单一，缺乏趣味性和互动性，导致学生对课程的兴趣降低。此外，学生们在课后作业中遇到的问题得不到及时有效的解决，使他们对学习产生挫折感。

家长们对该科任老师的沟通方式也存在不满。他们认为科任老师过于关注学生的成绩，而忽视了对学生个性发展和心理健康的关注。家长们希望科任老师能够多了解学生在学校的生活，关注学生的情感需求，以便家长更好地支持孩子的成长。

【解决措施】

第一，与林老师进行深度交流：

林老师应该改变自己的教学方法，尝试采用更具互动性和趣味性的教学手段。例如，可以通过讲解实际生活中的案例来引导学生思考数学问题，或者设置一些小游戏和竞赛来激发学生的学习兴趣。同时林老师要提高课堂互动，林老师在课堂上应该注重与学生的互动，鼓励学生积极参与课堂讨论，要密切关注学生的需求，调整教学内容和进度，使之更贴近学生的实际情况。对于学生的问题和建议，要给予充分重视，及时调整教学策略。也可以设置一些小组活动，让学生们通过合作解决数学问题，从而提高学生的参与度和兴趣。

林老师要合理安排作业，重新审视作业量的问题，科学合理地布置作业。适量的作业有助于巩固知识，过多的作业则可能适得其反。在布置作业时，应充分考虑学生的实际承受能力和其他科目的学习需求，以免给学生带来过大的压力。在批改作业时关注学生的优点和进步，并给予肯定。同时，她在批改错误时提供详细的解析和指导，帮助学生找到解决问题的方法。对于学习困难的学生，老师需要投入更多的时间和精力进行个性化辅导。了解学生在数学学科中的薄弱环节，制订学习计划和目标，督促和引导学生进行自主学习，同时提供课后辅导和答疑。通过帮助学生提高学术水平，让学生逐渐找回自信，感受到学习的乐趣和成就感。

第二，鼓励林老师通过各种途径提升自我：

林老师需要提高教育教学管理能力和沟通能力，首先，我会邀请林老师参加学校组织的教育教学培训，帮助她提高教育教学理论和实践水平。同时，安排她与其他优秀教师进行教学交流和观摩，以便她从其他老师的优秀教学方法中学习和借鉴。另外，建议林老师参加一些关于师生沟通技巧的培训课程，提高自己的沟通能力。在与学生交流时，要学会耐心倾听，尊重学生的观点，给予鼓励和支持。同时，也要关注学生的心理需求，帮助他们建立自信，提高自我价值感。同时，要与家长保持良好的沟通，分享学生的进步和成功，让家长了解学生在学校的情况，共同努力帮助学生成长。

【后期效果】

经过一段时间的改进与努力，林老师的教学方法和沟通方式有了明显改善。她开始采用更加生动活泼的教学手段，关注学生的参与和实践，给足了学生思考的时间，慢慢引导学生并通过情境创设，联系生活实际，激发了学生的学习兴趣，学生的数学成绩得到了明显的提升，也增强了学好数学的决心。课后，经常可以看到学生小组之间讨论数学问题，班级学习氛围浓厚。另外，数学作业量也得到了合理调整，各学科的作业量得到了均衡的发展，学生们普遍反映压力减轻，学习更加愉快。此外，林老师与学生的沟通也更加顺畅，师生关系得到了明显改善。除此之外，林老师经常在班级群反馈孩子们学习数学的情况，对取得进步的学生进行表扬，对稍有落后的学生进行鼓励，并指出问题所在，帮助孩子成长进步，家长们能够及时了解到孩子的学习情况，纷纷表示老师的付出肉眼可见，孩子的进步也越来越明显。

【我的思考】

这个案例提醒我，班主任在处理教师问题时，应保持耐心和支持。我们要关注教师在教学过程中可能遇到的困难，提供必要的帮助。同时，教师自身也要有持续学习和进步的意识，以适应不断变化的教育环境。家长和学生的意见对于发现问题和改进教学具有重要价值。我们应该鼓励家长和学生提出宝贵的建议，以促进教育质量的提升。在整个改进过程中，班主任要扮演好协调者、引导者和支持者的角色，为教师、学生和家长搭建一个良好的沟通平台。

同时，此案例也让我认识到，作为班主任，我们要关注每一位老师的工作方法和师生关系，及时发现问题并提出解决方案。教育不仅仅是知识的传授，更是一种人与人之间的沟通与交流。因此，我们要关注学生的需求，关注教学方法的创新，关注师生间的沟通，以提高教育质量，培养出更优秀的学生。同时，我们也要引导老师们不断地学习、提升，使他们更好地适应现代教育的发展，为培养一代又一代优秀人才做出贡献。

学生拒绝和班主任谈心，怎么办？

深圳市宝安区塘尾万里学校　张娜

【案例描述】

2017年，我担任七年一班班主任。如今，再次接手起始年级，我带着满心的期许和憧憬，从开学前就开始规划着如何带好这个班。

精心布置教室和准备见面会，同学们在我热情的欢迎下对新的学习生活和班级充满着期待。选定大组长，组建小组，制定班规，量化考核，班级布置……在我的安排下，班级秩序井然，表扬不断。生动有趣的课堂，认真用心的批语，及时真诚的鼓励……同学们的语文学习积极性越来越高。家长们看着自家孩子在新的班级适应得这么好，对我这个班主任很是认可，非常支持班级工作。

就在我沉浸在成功的喜悦中，以为新的班级如我期待的那样会越来越好时，我听说我们班的小黄在校门口接受学生采访时，居然说很不喜欢英语老师，还说每个学科的作业都很多，每天都要写到十二点，甚至一两点。这无疑给了我当头棒喝。这个小黄，我是早就打过交道的了。瘦高瘦高的个子，总是一副弱不禁风的样子；脑袋瓜似乎不灵活，让他背几首古诗，都要大半天；作业更是写得一团糟。但他似乎蛮有个性的，每次默写现代诗歌，并不会因为自己没默写出来而感到羞愧，反而沉浸在自创的喜悦中。基于多年的班主任经验，我也是理解像小黄这类学生的。为此，在找他来谈话时，我采用"扬长鼓励"的方式，先是大力肯定他的创造性，再是询问他在学习上的困难，可这样的"善解人意"都没有得到他的任何回应。我心里难免有些失落。但转念一想：也许像小黄这样经常不受待见的学生，一下子受到老师的表扬，内心还有些不适应，有这种反应也是正常。于是，我鼓励他"回去后继续爆发小宇宙力量，尽力背出原诗"后就让他回去了。原以为他就是个学习上有困难的孩子，没想到今天居然闹这一出！我还得找他来谈谈。

放学后，小黄如约来到我的办公室。看到他有些局促不安、支支吾吾的样子，鉴于之前的谈话经历，我尽力平和心气："你不用紧张，老师找你来只是想了解清楚事情。老师知道，你当时可能有些紧张才胡乱说。事后再想想，肯定也觉得自己说得不太合适……那你心里到底是怎么想的？你觉得接下来可以做些什么来补救？"我尽可能站在理解他的角度不断地引导他，以为这样就可以让他开口。但过了一个多小时，小黄就像一个木头人一样，沉默不语。我只能无奈地让他回去。

【案例分析】

师生沟通出现障碍，必然影响教育效果。一般而言，影响师生间沟通的因素主要有以下几方面：

一、学生方面

在学生的过往经历中，老师找学生谈话绝大部分是针对学习、生活、行为等方面出的问题进行教育，这在学生心里已经形成了思维定式，也让他们在情感上对老师存有戒备。

此外，对于学生而言，老师是权威的象征，不自觉会产生畏惧感和距离感。性格外向、大胆的，虽然可能敢主动走近老师，但在与老师沟通时，心里还是会有些顾忌和想法，对一些问题还是会有所保留。那么，对于那些本就胆小、内向的学生，面对老师这个权威，基本上是不敢靠近的。

据我观察了解，小黄在班级是个相对内向的学生，虽说大家刚认识，难免陌生，但小黄确实很少主动与同学交流。在我印象上，他与我的交流更是少之又少。当然，除了作业之外，我也比较少关注到他。

二、教师方面

所谓"亲其师，才能信其道"。刚接班，琐碎的班主任日常工作和繁重的教学任务，我每天忙得团团转，师生间的交流很少，极大影响了彼此间的了解和情感建立。再加上，我缺少语文老师该有的风趣幽默和面如春风，反而像是《从百草园到三味书屋》里的寿镜吾先生，不苟言笑，我内心所有试图喷薄而出的爱意与关怀藏在我严肃的面孔之下，落在学生们的捕捉能力之外。这，更拉大了我跟学生之间的距离。

虽说我一直提倡学生间平等相处，但内心里还是会因为分数与名次而区别对待"学困生"，当他们出现问题时，我的第一反应便是"恨铁不成钢"，然后把他们叫过来教育一番，即便最后也会有些鼓励的话语，但似乎无法抚慰他们受伤的心灵。虽说在与小黄的两次交流中，我都尽可能表现出理解、耐心和平和的心态，但日常与学生交流中不经意间留下的刻板印象已经让学生心存芥蒂了。

另外，谈话，得慢慢谈，才有话，这是一个很耗时间、很磨人心性的过程。有些学生面对自己的问题，内心里是有些愧疚和悔意的，但又不知道如何表达，就在那里支支吾吾或者沉默不语。有时间、有耐心的老师还是愿意慢慢引导、耐心倾听的，但一旦时间紧张，老师们对学生的软磨硬泡也失去了原有的耐心。回想第一次与小黄的交流，虽说是出于理解他当时的无所适从，但事后也没有再做更进一步的跟踪，归根到底还是对学生不够有耐心。

三、沟通环境

初中生自主、独立性越发强烈，更在意他人的目光和评价，加上师生间年龄、身份等差距，要想实现师生间充分、深入沟通，需要一个相对安静、独立、舒心的环境。但师生间的日常沟通大部分是在办公室、教室和走廊。这些地方，不时有学生和老师经过，不仅人声嘈杂，而且很容易接触他人的目光，从而影响说话者的情绪，让师生双方在交谈时有所保留。

【解决措施】

师生沟通是教育教学工作中很重要的一部分。师生沟通的有效与否在一定程度上影响着教育教学工作的效果。我与小黄之间的沟通问题是众多师生沟通问题的映射，如果不加以重视，很可能会重蹈覆辙。为此，在梳理完与小黄之间的沟通问题后，我开始做如下尝试：

一、转变方式，架起沟通之桥

一项研究表明，在教育工作中有70%的错误是由于教师不善沟通造成的，其中一个主要原因是沟通方式过于单一。确实，包括我在内的很多老师，日常与学生的交流更倾向于面谈。这种交流在某些时候是必要的，如学生间出现矛盾需要当面说清楚、学生学习出现起伏需要当面针对卷子分析等。但很多时候，其实是既耗时又微效的。其实，师生间的沟通应该是随时随地都在发生着的。它可能是你每天早上到班后对学生的那一抹微笑，可能是你在课堂上多在学生身上停留的那一个眼神，可能是你在学生遇到挫折时对他说过的一句鼓励，可能是你在学生作业本上留下的一行带着爱意的批语……我就常借助作业批语、明信片、书信等方式跟学生交流，效果不错。特别是像小黄这类比较内向、自卑、不善言谈的孩子，更需要用文字的力量去唤醒、去鼓舞。于是，我开始通过笔谈的方式与小黄交流。刚开始主要是尽力发现他的闪光点，表达对他的期望，相信他只要肯努力一定可以成为更好的自己；后来是有意识帮他修改作品，然后在班级朗读，让他有机会展示自己的才能，增加自信；再后来是针对他的一些习惯问题进行交流，给予建议，与此同时我也会给他写一些激励语，给予他前行的力量。除此之外，我会在走廊见到他时热情叫他的名字以表示友好，在课堂总结提到他的名字时特意提高声调表示赞许，在巡堂发现他状态不佳时拍拍肩膀以表示提醒……就这样，我与小黄之间的交流渐渐多了，也越发顺畅了。

二、赏识鼓励，激起向上之心

小黄曾在日记中提到，他觉得自己一无是处，想学也学不进去，就是一块烂泥，老师和同学都不待见他，我也不用管他……一字一句，流露出多少无奈与痛苦，我的心被刺痛了。美国心理学家认为，渴望被人赏识是人最基本的天性。我快速在脑海中搜寻了有关小黄的记忆。时间定格在七年级上学期演《秋天的怀念》课本剧的那节课。小黄当时饰演的是一棵树。那个角色，没有任何言语，从头到尾只有一个重复的动作——树叶唰唰啦啦地飘落。可是，我清晰地记得，他当时演得非常非常认真，即便场下的观众都被他的傻、憨惹得笑不拢嘴了，可他依然非常敬业地保持着一棵枯落的树该有的沉默。演出结束后，我组织大家给最喜欢的演员投票，我依稀记得他当时的躲避——那种觉得自己理所当然被忽视的举动。庆幸的是，还是有不少同学给他投了宝贵的一票，我记得他当时眼中闪烁的喜悦和日记本上写下的开心、自豪。我在日记上重提此事，再次表达了对他当时出色表现的肯定，也将同学们在日记中写下的对他的赞许、认可等逐一传达，以此让他明白，他并不是一无是处，也有很多同学是喜欢他、欣赏他的，希望他对自己要有信心。与此同时，我还希望他明白，在让自己变得更好的路上，必然会经受各种考验，但人生没有过不去的坎，只要肯努力、肯坚持，就一定能迎来希望的曙光。而且，老师也会一直跟他站在一起打败困难。就这样，小黄慢慢找回了自信，能更坚强地面对挑战了。

三、家校合力，共促成功之喜

对于正在成长中的青少年来说，家庭教育、学校教育和社会教育就像一个综合加工厂，缺一不可。其中，家庭教育是加工厂的第一道工序，是奠基性教育。据我了解，小黄父母对孩子的日常关注并不多，一是工作忙，二是有心无力。我非常理解家长的难处。但家庭教育是孩子健康成长必不可少的，我们必须引起重视。为此，我找了小黄父母进行沟通，在进一步了解了家长的情况之后，我给了几点建议：一、陪伴是最长情的告白。我们无法保证有足够的陪伴的时间，但要尽力提升陪伴的质量，尤其是初中阶段，孩子非常需要父亲的引导。可以在作业中留言表达你的关注和关心，可以在饭桌上交流孩子在校情况表达你的关心。二、尽力发掘孩子的闪光点，多给孩子鼓励。坚持在家校本上写下对孩子的表扬，即便是很小的一件事，也让孩子感觉到被看见、被赏识。三、控制好手机、电脑等电子产品的使用。一方面可以跟孩子约法三章，以奖励的方式给予使用；另一方面可以带孩子出去走走，转移注意力。小黄父母也很赞成我的想法，在看到孩子进入初中后的点滴变化，心里也很欣慰，表示愿意配合老师一起帮助孩子。在这之后，我也能在小黄的作业上看到家长的签名和只言片语的鼓励，看得出，小黄还是很在意父母的表扬的。

【后期效果】

期末备考前夕，我会结合学生的情况和意愿重新调整小组和座位，当时有意安排小黄为组长，当我找他过来说明此事和表达我对他的期望与要求时，他非常开心，爽快地答应了。那段时间，不管组内的大小事务，他都能处理得很好。他还在考场作文中以组长的身份表达了对组员的寄望——希望大家都不要自我放弃，在最后的时间里努力拼搏一把，证明自己。果然，在他的带领下，整个小组在期末考试中有了很大的进步。期末评优评先中，他受到同学们的一致好评，被推选为优秀班干部。

他还主动承担了班级卫生委员工作，不仅尽职尽责，还吃苦耐劳。有时候遇到一些同学有事耽搁了值日，他都会主动帮忙。课间总会看到他认真检查卫生的身影和微笑提醒同学们的神情。在他的认真负责下，我们班的卫生多次得到表扬，检查人员还开玩笑说"一班的地板干净到可以直接躺下睡觉"。

他还很愿意为班级同学服务。中考前夕，体育满分的同学可以早下课，小黄是其中一个。我经常看到他一回到教室，就赶紧洗手，然后帮同学打汤、分餐，这样，晚下课的同学一回来座位就能吃到午饭了。教室里的风扇脏了，他会主动拆下来洗；同学的桌子高度不合适了，他会帮忙调整；班级后面的移动黑板坏了，他会借来工具修理。

与此同时，他在学习上也有了进步。科任老师时不时会表扬他课堂积极了、作业认真了。在语文学习上，他更是谨记我的"尽力而为，逐一突破"箴言，先努力拿下古诗默写，与全优同学并肩，再逐一攻克其他板块，最终在中考取得了80多分的好成绩。

看到他一点点地进步，我感到由衷的欣慰。教师节，我还收到了他精心准备的礼物，很是惊喜。

【我的思考】

小黄的变化促使我反思：在提倡学生之间平等相处的同时，我们还要注意唤起一些"学困生"的内在尊严感。这些同学很容易因为不好的分数和名次受到冷落，感到自卑，觉得自己一无是处，作为班主任的我们应该善于帮助学生发现并发展他自己独特的禀赋与才能，使他们产生"我有着其他任何人都不可能有的智慧"的自信与自尊。

与此同时，我更深刻地意识到，积极有效的沟通有助于教育教学工作的开展。在往后的工作中，我要更多地用沟通化解矛盾，用沟通达到理解，用沟通换来信任，才能真正助力学生健康成长，也才能完成师生间的双向奔赴。

班主任不敢批评学生，怎么办？

深圳市龙华区观澜中学　张雪莹

【案例描述】

"老师，班上有同学打架了。"班长急匆匆地跑进办公室报告，大滴汗珠在她焦急的脸颊流下。我一听也有点儿着急，"走！去班上！"一到班上就看到 W 和 L 学生拳打脚踢、你来我往、势均力敌，旁观的学生围成几层圆圈，而 J 学生正热烈地鼓劲，"打！打！打他！"我上前喝止，"停下来！不能动手打架！"把 L 拉开，让班长稳住。再把 W 按住，"你先冷静下来，老师来处理。深呼吸！"我把他们都带往办公室，并喊上 J 一起过去，"你也过来办公室。老师想了解情况。"

我把三名学生带到专门的会谈室。此时我看着他们，性格大不相同、各具特点，身为班主任的我不敢直接狠狠地批评他们，跟他们沟通的方式也必须因人而异。

我偷偷吸一口气，调整自己情绪，细细观察三位学生。"你们有没有受伤？"W 和 L 都摇头，并相互看了一眼。

"我听说班上有人打架，赶到后就看到 L 和 W 扭成一团，J 在旁边鼓劲特别显眼。我亲眼看到你们打架，内心是生气而焦急的。你们的性格老师很了解，你们都是单纯而直率的小孩。我希望给你们一个机会说清楚这次事件的起因与经过。L 你先来说明刚才的情况。"

L 脸上闪过为难的神色，扭了一下，"是 W 先动手的。我下课在跟其他同学玩，W 突然说好烦，然后就愤怒地盯着我，好像要盯出一个洞一般。我们就移到了另一个角落玩，W 就突然过来打我。"

W 一听不乐意了，"是 L 在骂我。他在骂我。"他突然又激动起来。

我安抚W，"被打和被骂了一定会感到生气。L你说说情况。"

L辩解道，"不是骂他。我没有骂他，我一直跟其他同学一起玩。"

"你不是骂我猴子吗？从上学期开始一直笑我是猴子，每次都说我，经过就说。我不是猴子，你才是猴子。"W声调上扬，语言开始不清晰。

我适时介入，问L，"你是不是叫他猴子？"

L本想否认，仔细一想，不好意思地点点头。

"所以，是L先叫外号，激怒了W，W就动手打人。"我总结"案情"。

他们在"包青天"的威严眼神下，面露难色，犹豫着点点头。

我问："你们觉得自己做对了还是做错了？"他们齐声道，"做错了。"

我批评道，"W，被同学叫外号，内心不好受，这是正常情绪。但是把情绪激化，甚至主动动手打人，是你的不对。叫外号是件不大的事情，处理的方式也有很多。你错在错误处理矛盾、情绪失控激化、不够宽容大量、第一个动手。L，你先给同学取外号，后来又跟同学动手，其实处理打架的方法也很多。你错在恶趣味调侃、还手激化矛盾。"

我把眼神瞄准J，他还在斜着嘴角偷笑，身体也是斜着的。"你刚才在做什么事情？"

J漫不经心地说，"在看着啊。"

"班上同学打架，你在旁边围观，我看到你还鼓励他们。你觉得这样的行为怎么样？"

J摇了摇身子，垂下了嘴角，不说话。

我看着J批评道，"你没有打架，只是在围观。但正常人的做法是劝架而不是鼓劲。刚才班上同学有的在拉扯他们，有的去报告老师，他们都在缓解事态恶化，跟你不一样。你觉得哪种做法更能维护班级集体的稳定与团结？我认为班上的同学做得比你恰当。"

【案例分析】

一、学生的性格分析

三位同学特质鲜明，班主任要想顺利沟通，就要针对性地调整沟通方式和解决措施。

W很喜欢亲近老师，总争取老师表扬，但一直以来有情绪管理问题，非常容易生气，还十分记仇。平日里与班上同学一天一小吵，三天一大吵。吵架的原因也出人意料，有"我想起第一次见面的时候他取笑我的名字"，有"上学期他打了我一下"，有"他学习成绩太好了"。

L聪明机敏，成绩很好，但性格比较幼稚，喜欢斤斤计较，显得"德不配位"，所以班上同学们并不敬佩他。不过他性格开朗，能接受老师的批评，只是自我要求不高，容易重复犯错。

J正处于青春期叛逆状态之中，平日里"自由不羁"，嬉皮笑脸，喜欢凑热闹。面对老师批评，经常别过脸，不愿正眼对视，有的时候厌烦了还会顶嘴，批评过后又会再犯各种错误。

W像一只脆弱的鸡蛋，行为如坚硬的外壳，内心却流淌着软弱的情感需求。L像一个软弱的饺子，学识内涵丰富，品德外皮易破。J像一块刚硬的石头，棱角分明，锐利扎人，难以雕琢。这就需要班主任因材施教。

二、班主任的知识调用

批评，其实是一种处理艺术，也是一种沟通方式。沟通应当具备平等性、客观性，因此班主任对事件定性并进一步教育学生之前，应当先做一些巧妙处理。

其一，控制环境。不能在人员繁杂环境当众批评学生，会导致学生情绪激动，容易伤害学生自尊心，使其产生抵触情绪。我把三名学生带离教室、带到专门会谈室才批评学生。

其二，控制情绪。班主任越冷静，师生关系越平等，学生越能启动元认知，反思自我行为，找寻提升方法，变得自律、聪明。

其三，传递关心。传递关心有助于建立信任关系，信任关系是有效沟通的前提条件。我首先观察并询问他们是否受伤，他们立刻也反过来观察对方和我，情绪冷静下来。

其四，正面管教。诚恳地处理这个事件，而不是上升到批判这个人。根据心理学研究，沟通可以先肯定再批评。首先我肯定他们的性格纯真而善良，使学生消减抵触情绪，让学生觉得我们是在平等、客观、公正地处理问题。其次我选择询问事件起因与经过，就事论事，让学生都有机会用自己的语言回顾整个过程。还有，应不直接给出负面评价，而是将行为事实梳理清晰，促使学生元认识的启动，反思自己的行为是否正确，以及思考自己能做哪些改进。

其五，提供支持。老师命令学生很简单粗暴，却没有意识到学生需要合理的支持。中学生未形成稳定正确的人生观与价值观，也没有积累丰富的人生经验，在分析问题和解决问题过程中，班主任应当给予支持。

【解决措施】

当我完成关怀学生情绪、平等交流沟通、客观了解情况、公平处理问题的前置处理，三位学生已经面露愧疚之色，不再针锋相对、睚眦必报，并主动承认自己做错了，这个时候我才对他们的行为进行总结性批评。

面对批评，学生很容易承认错误，有时说"我会改"显得很诚恳，写保证书的字数很多，但是比承认错误更重要的是确立行动方案。所以我会让他们写一份改进方案。

其一，引导学生思考。元认知就是最高级别的认知，它能对自身的思考过程进行认知和理解，也就是我们平时说的反思能力。班主任要做一个引导者，学生才是思考者和执行者，我们要培养学生元认知能力。我问："下次再遇到让你感觉到愤怒甚至想打架的事情时，有什么让你不受伤害又能解决愤怒的方法？"他们每人提出了至少一点建议。

其二，行动具体细化。学生需要进一步具体化自己的改进行动，教师需要给予一定帮助。我先询问学生认为可以做到哪些改进措施，当他答不上来或不够具体时，适时给予引导。我跟他们说："按照校规，打架会受到处分，如果你能做到以下三种条件之一，学习成绩进步、获得荣誉奖项、为集体做贡献，可以撤销处分。你打算从哪个方向努力？" W 勤劳肯干，自愿为班级保洁；L聪明好学，自愿帮同学辅导；J运动不错，自愿加入班级篮球队。

其三，设行动反馈点。反馈点是指定期追踪行为修正与否的诊断点，可以起到监督和激励作用。反馈点不应强调学生犯错的事情，我控制自己不说"你不能再打架，否则会受到惩罚"之类的话，而应强调学生正确的行动，"W报名做卫生值日组长，L请缨做学习委员，J代表班级参加篮球比赛，这些行为都能争取撤销处分。下周三，我们一起看看进度情况，看看有什么需要我帮助的。"

其四，寻求帮助力量。班主任是引路人，家长是领航者，朋友是同行者。除了班主任以外，还可以在行动方案中添加家长与同学作为监督与帮助力量。

【后期效果】

以改进方案为契约，三位同学开始了行为重启之旅。

W认真完成卫生值日任务。每天早读前，与扫帚共舞，将垃圾收拾妥当；每天午休时，用拖把摩擦，还地面一片锃亮；每天傍晚，与桌椅游戏，将桌椅回归正位。过了一周，他问我："要是叫值日生值日，同学不理他怎么办？"我教育他如何向同学表达合理诉求，并在同学们面前明确他卫生值日组长的权力。看到他遇到问题时，能够主动控制自己情绪，尝试寻求帮助而不是硬碰硬暴力解决，我感到十分欣慰。

L顺利完成学习委员任务。同学们总是喜欢找他提问题，"这个函数如何解答""这个英文什么意思""这个句子怎么理解……"他也总是能耐心回答。过了一周，他跟我说："原来替同学们解答疑惑，并不会浪费时间。这个星期学习的知识掌握得更牢固了。"我看到他不仅学业进步，跟同学相处也更融洽，赢得了他们得尊重。

J加入班级篮球队，每天坚持练习，在比赛中获得了团体第一名的好成绩。他打篮球时潇洒的身姿、开朗的笑容、专注的眼神、团结的精神，都是前所未见的。过了一周，他跟我反馈道，"我喜欢打篮球，这次我们班获得第一名，大家好厉害！"这样积极向上的他让我十分惊喜。

他们都初步重启成功，还要继续坚持改进，保持正向反馈。

【我的思考】

当班主任遇上问题事件，我们第一反应是生气，第二反应是为难。批评，不是一项单一的工作，也不是一项容易的工作。批评，既要做到客观公正处理问题，又要平等沟通、顾及学生情绪，更要确立、改进方案。批评可以细化为六步：控制环境—分析问题—正面管教—制定方案—完成重启。其实好的批评，存在感很低，学生感觉不到自己被批评，而是感觉到元认知的调用，感觉到思想行动的蜕变，感觉到尊重与帮助，改进的力量由心灵灌至头脑再满溢至四肢。

家长会效果一般，怎么办？

深圳市宝安区实验学校　王江

【案例描述】

带班一个多月，我发现班级里绝大多数学生的学习成绩和学习状态一般，主要表现在他们缺乏学习动力，对学习缺乏热情和兴趣；没有很好的学习方法等，学习效率和学习效果都欠佳；上课注意力不集中，特别是几位男生好动、经常分心、无法集中精力去学习；还有在整理学科资料、打扫卫生、课前准备等方面，有着明显的拖延症；缺乏目标意识，不知道自己要学什么，学到什么程度；最为关键的是学习态度也有问题，比较消极，缺乏自信和勇气。

在此期间，我尝试向部分家长反馈学生在校表现和作业情况，想找出解决问题的办法和突破口，但却发现班级的家长不太愿意配合，或者说不太愿意认同自己孩子这样的学习情况。

为了从班级整体的角度去解决这个问题，我准备召开一次主题家长会，希望通过家长会的形式，让家长们了解班级的情况和需要家长们配合的工作，并让家长们能够在孩子的学习上给予学生更多支持和鼓励，给予老师更多信任和配合。

家长会的主要内容如往常一样，主要介绍班级总体情况，如男女比例、科任老师构成，各科学习特点；介绍学校管理要求，如学生着装、到校时间、午餐午休；反馈学生近期学习状态。我把家长如何陪伴初中孩子更好学习和家长如何管理手机作为家长会的重点内容。但在整个家长会的过程中，我发现家长们似乎不太关心这些问题，有的家长甚至戴着蓝牙耳机低头玩手机，还有家长可能工作原因，困意满满，并没用心地倾听家长会的内容。

家长会结束后，大多数家长立马起身，离开了教室，有些家长还说，家长会时间太长了，听到后面都不知道老师在讲啥；家长主动找我沟通，但是我发现他想寻求的问题，一部分我在家长会上讲了，他似乎是错过了这些内容，不得已我只能给他再重复一遍；有的家长只是说面对孩子的学习和状态，不知道怎么办，想要老师替代家长，解决家庭教育的具体问题。

更令我失望的是，此次家长会后，班级绝大多数学生学习状态并没有改变。原本我对此次家长会有着不错的期待，可家长会过程中家长的表现和会后学生的表现，让我感到更多的是困惑和不解。

【案例分析】

如上描述，此次家长会效果较差，家长们对家长会内容缺乏重视和关注，会后也没有产生太大影响，后期进行复盘反思，分析如下：

一是家长会内容设置不当。家长会时间过长，内容过于宽泛，概念道理过多，家长难以提起兴趣，他们就会产生不耐烦的情绪，其实大多数家长更期待解决具体问题的具体办法。二是家长会形式单一。以班主任主讲的家长会，难以激发家长的兴趣，更何况他们已经听过多次这样形式的家长会，可能部分内容已经听了很多遍了。三是部分家长不重视家长会，他们对孩子的教育毫不上心，对孩子的成长也不用心，基本处于放弃状态，这直接影响了家长会的效果，需要通过各种渠道进一步宣传家长会的重要性，鼓励和督促这部分家长积极参与。四是会后跟进不及时。家长会后，如果我能及时采取有效的具体措施进行跟进，对于部分学生和家长来说，或许会产生有益影响。五是家校沟通机制存在问题。班级与家长的沟通主要集中在家长会上，平时的交流和互动特别少，即使有，也是反馈一些不好的学习表现，这其实不利于双方充分理解对方的需求与困难，因此，需要建立长效的家校沟通机制，以便及时发现并解决学生学习中遇到的各种问题。

总之，要提高家长会的效果，关键要针对家长的需求与兴趣设置合适的内容，采取更为灵活的家长会形式及时跟进，及时反馈，激发家长自主学习家庭教育的热情，充分发挥家长的主体作用，让他们成为学校教育的积极配合者和家庭教育的积极践行者。

【解决措施】

经过此次家长会的总结反思，加上后期实践，我总结出了要开好一个实用、顺畅、高效的家长会，需要注意以下几个方面：

一是充分的家长会准备工作。可以提前通知家长家长会的时间、地点、主题等信息，制作精美的电子版或纸质版邀请函，让家长感受到仪式感和班主任的重视程度；还可以选择一些志愿学生或班干部帮助接待家长，引导他们落座，指引他们签名，营造融洽的氛围；合理安排家长会的内容和节奏，安排好各科老师沟通时间时长，提前与部分家长进行单聊，保证家长会正式进行时的效果。

二是运用亲和的语言。在召开家长会时，要采用亲和语言和家长沟通，与家长处于平等的交流地位，切忌在全班点名批评或过度表扬某些学生，使家长尴尬不适或麻痹自满；要真诚地感谢家长对学校工作的理解和支持，表达对孩子们的学习上的期待，给予家长具体合理的指导；还要根据此次班会课的重要目标，设计不同的环节，让家长会形式多样化，比如可以设置表彰会，表扬优秀的学生和支持班级工作的优秀家长；开展班级作业展示会，展示学生们的作品和活动，让家长看到不同孩子的进步和成长；还可以设置家长讨论会，与家长进行对话交流，探讨感兴趣的话题，交流教育经验。

三是做好反思和总结工作。家长会后，要及时总结，总结家长会的得失，首先可以及时收集家长们对家长会的反馈意见，了解家长们对孩子、老师、学校等方面好的看法和建议，找出家长会中存在的问题和不足，为下次做好家长会做出基础性工作；要跟进孩子们在家长会后的学习状态和表现，观察孩子们是否有所进步或退步，是否受到了家长会的影响或启发，是否需要进一步帮助或鼓励，并将这些观察反馈给家长；还要与未能参加家长会的家长进行单独沟通，了解他们缺席的原因，向他们传达家长会的主要内容和目标，让他们也能参与到孩子的教育中来。

当然，除了以上几个方面，我觉得在家长会上，还要明确告诉家长，他们对于孩子的学习和成长有着重要的影响和责任，并给家长一些具体和可行的任务和要求，比如每天陪孩子读书、每周检查孩子的作业、每月给孩子制定一个小目标等等，并定期跟进家长的执行情况，从而增强家长的责任感和动力。

【后期效果】

在实施了这些措施后，我发现效果有了明显改善。首先，家长们对于家长会的时间和形式都比较满意和认可，他们觉得家长会不再是单调和枯燥的，而是有趣和有意义的；他们也表示了对于我和学校的信任和尊重，认为我是一个专业和有爱心得老师，对于孩子的教育有着清晰和合理的规划。比如一次期中考后，一位家长给我留言说："今天的班会课受益匪浅，无论是内容、方式、建议，都特别好，细心又温暖，孩子在我们的带领下，一定会快乐成长、成才，非常感谢！"

其次，家长们对于家长会的内容和建议都有所重视和接受，他们觉得我对于孩子的情况和问题有着全面的了解，特别是在学习方面给出的建议非常实用。他们也表示后期对于孩子的学习和成长会关注更多，也愿意就孩子各个方面的问题与我进行积极有效的沟通。一位学生的妈妈开完家长会后，还积极购买家庭教育的课程开始学习充电。

最后，家长们对于家长会的效果和跟进也表示了感谢，他们觉得家长会不仅是一次信息的传递，而是一次长久的教育合作，越来越多的家长会怀着期待的心情，参加下一次的家长会。他们会提前准备好问题，和我进行沟通，对孩子的关注度既有温度也有方法了。

总之，通过实施了这些措施，我比较有效地提高了家长会的效果，增进了与家长的沟通和合作，促进了孩子的学习和成长，看到班级一点点改变，我也意识到家校沟通在育人环节中的重要性。

【我的思考】

想要通过一次家长会解决班级的所有问题，是不切实际的，因而，我们需要持之以恒地采取各种措施，创新家校沟通方式方法，积极与家长沟通和交流，提高家长的参与度和信任感，在这个过程中，我们的记录和总结也显得非常重要，这有助于我们不断改进和完善措施。家长会是班级和家长之间最重要的沟通渠道和平台，我们应该认真对待，并且利用好它，在实施具体措施的过程中，还需要不断地学习新的家校协同育人的好办法，这些都是需要我们去不断探究。

班主任担心班级成绩不理想，怎么办？

深圳市宝安区石岩湖学校　曾宪梅

【案例描述】

七年级入学的时候，我们学校都会举行一个开学摸底考试，然后根据成绩平均分班，班与班之间的入学前的水平是不分上下的，但入学考试考的仅仅是语数英三科，加之小升初的变化，入学考试的成绩并不能代表初中学习的能力，渐渐地会发现有些学生掉队特别严重。

恰巧我被分到的班级，是一个学生思维特别活跃的班级，但学生也特别地调皮捣蛋，沉不下心来学习，而初中三年的学习难度并不是特别大，踏实努力的学生更容易在学习上崭露头角，更容易出彩。

我带着对他们浮躁的学习状态的担心，迎来了第一次月考，可能只是刚开始的第一个月，学习难度还没有很大，班级成绩还是不错，出乎意料地考了年级第一，其他班主任纷纷说这个班级有多聪明，说我捡到宝了，而实际上，只有分析了数据背后的本质，才知道这个目前的成绩只是"虚假的繁荣"，经不起风雨飘摇下的吹打。平均分是年级第一，说明班级的腰部力量雄厚，但没有尖子生，尾巴也在"吊车尾"，而且班级有明显的偏科现象，语数英三大主科中，只有语文"独领风骚"，英语在年级里倒数，这令我十分担忧，班级如果要继续这样下去，很难可持续地发展。

正因为带着对前景发展的担忧，我更是经常勤快地出现班级里面，见缝插针地给学生灌输"现在要好好学习，才能考上一所好高中"的思想，自习课经常会出面坐镇，维持班级秩序，加大课堂巡查力度，稍有走神的立即拍照，立刻和家长私聊沟通。

就这样持续了半个学期，我非常地尽职尽责，给人感觉十分负责，我的时间也贡献给了学生们，自己的备课时间也经常需要挪到晚上下班时间来完成，非常疲惫劳累。正当我以为我们班的成绩不说要考回第一，起码可以保持前三的时候，没想到给了我当头一棒，班级的成绩反而越来越差，平均分下滑，英语也如初期预料的那样，常年保持倒数第一第二，尖子生仍然没有出来，数学维持在年级中间的水平也十分简单，其余科目平平无奇，没有非常大的起色，尖子生感到迷茫，其余学生对目前的学习无所谓，仍然一副吊儿郎当的样子，家长也十分着急，科任老师对班主任感到愧疚，不知道该如何向班主任交代，而我自己则更加头疼，感觉付出的一切付诸流水，做了许多的无用功。

总之，一学期下来，我为了班级的成绩，也变得情绪不稳定，总觉得压力很大，感觉不到幸福感与成就感，班主任做下来也不是非常开心。

【案例分析】

随着"双减"政策的出台，教育机构的大量减少，甚至退出社会，社会各层面都在喊话，要给中小学生落实减负。教育部减负的决心是大家有目共睹的，但改革并不是一朝一夕就可以改变的，需要时间去落实的，而在这过程，必然会经历减负与应试的尴尬时期。特别是在深圳，公办高中数量较少，升学率较低，中考难度系数远远大于高考，不管是家长还是学校，对学生的成绩都非常紧张。在这样的大环境之下，我也不例外，特别是我经历了九年级的教学，深谙中考的难度，如果七年级不打好基础，不养成好习惯，那后面中考应考的难度则会大大提升。于是我就带着这样的紧张情绪接下了这个班级。我对刚进来的七年级学生要求必然是严格的，希望他们能够事事都按照我的要求去完成，而容易忽视了七年级学生的发展规律，传递了太多的焦虑情绪给学生与家长，对学生们的要求过高，一下子没有接受他们与九年级学生的差距，忘记了他们离九年级学生的水平还差了时间上的磨砺。

班主任是一个班级的掌舵人，把握着前进的方向。我过于焦虑，拔苗助长，而这种情绪多多少少也会影响到科任老师、家长与学生，科任老师看到班主任的科目考得其实还是不错的，但自己这一科却出现了问题，反而就会对自己的教学产生怀疑，信心不足反而会影响其在班级里的教学，会影响其与该班学生气场的磨合，而且也会由于过于担心成绩的不理想，而减少跟班主任的沟通，不想有过大的压力。家长本来对于孩子上七年级的种种不适应有各种的焦虑，加之老师经常反馈孩子在校的不良情况，家长与孩子的沟通方式并不是十分科学合理的，有时反而会加剧亲子之间的矛盾，家庭关系剑拔弩张，更不要说在学习上、心理上进行有效的引导。而七年级的学生大部分是处于十三四岁，他们仍然具有许多小学生的特性，同时又是处于生理、心理高速发育时期——青春期。青春期的孩子一方面认为自己长大了，想摆脱家人和老师的约束，另一方面又缺乏自控力和判断力，容易受到外界的干扰，对学习目的不明确，容易感情用事，只学自己感兴趣的，因此在如此高压的环境之下，学生必然不想努力学习，而想随心所欲，按照自己的兴趣来。

初中生学习，班主任在引导上需要动之以情，晓之以理，同时要有规章制度的辅助，而不是完全靠班主任这样的"勤能补拙"，短期内或许有成效，但长此以往，老师、学生都会吃不消。

总之，通过梳理背后问题发现，班主任担心成绩不理想的根本原因，我认为主要有以下三个方面：一是班主任经验缺乏，缺少科学合理的引导方法；二是班级积极向上的学习氛围没有营造出来，老师、家长、学生都感到压力巨大，付出了很多却没有成效；三是环境过于高压，缺少相应的激励措施与规章制度。

【解决措施】

班主任担心成绩不理想，是当下大环境之下很多老师会出现的问题，而事实上真的出现了成绩不理想的情况，班主任首先要做的是不能自乱阵脚，慌了方向，像无头苍蝇一样做许多无用功。

经过一番分析后，我结合班级学情和班级文化，我首先让自己缓解了焦虑的情绪，学会自我心理暗示：学生们还只是孩子，还需要我们去教导、去引领，正是有难度才能体现我们老师的价值。当下，我需要做的不是拿到成绩单后对学生们劈头盖脸地骂一顿，应该先开一节关于如何学习的主题班会，有时候孩子们并不一定是不想学，有可能是刚进来初中，学习科目增多，一下子不适应。在班会课开始之前，我会对不同层次的学生进行谈话，一起和他们分析取得这个分数的原因，重新审视此前的学习方法。在此我了解到学生们大多数还是属于死记硬背式的学习，还是单线记忆，不懂得多点联结知识框架，老师给什么就吸收什么，课后没有进行自我消化，科目增多，完成作业的安排也不合理，不懂得如何划分时间，每天都要做到很晚，每天都觉得很疲惫。针对这样的情况，我立刻进行了系列主题班会的备课：一是如何有效地时间管理，引导学生如何使用时间象限，学会按事情的重要程度、紧急程度去安排，引导学生利用碎片化的时间；二是学习的动力，七年级的学生还不是很明确自己的目标，在此我利用毕业学生的资源，让考上深圳中学的学长、学姐制作微课视频，分享自己在优秀高中学习的所见、所闻、所感，分享初中三年自己是如何度过的，是如何认识到学习的重要性的，以此来激发学生们对优秀高中的向往，从而明确目标并为之而奋斗；三是如何学习，我也会利用往届毕业学生的优秀笔记，引导他们重视课堂笔记，该如何记笔记，如何有效听课，也会分享优秀学生的作业样例，告诉他们标准是怎样的，并激励他们也是可以做得到的，最重要的是还会告诉学生如何有效复习，如何制作复习计划表，引导学生自己建构图式，根据不同内容，利用图形组织、多点联结，帮助学生自己构建知识的框架，而不再是被动地吸收知识点。

紧接着，我还会立刻召开科任联席会与家长会，加强与科任老师和家长的沟通。在科任联席会上，需要跟科任老师一起商讨目标生和后进生，有针对性地突破不同层次学生的问题，一起明确当前班级出现的问题并商量对策，班主任要明确科任老师需要什么帮助，明确班主任与科任老师之间的界限，学会放手，学会信任科任老师，不要有过多的干预。在家长会上，需要跟家长们明确禁止焦虑情绪的传播，一起学习七年级学生的身心发展特点，引导家长该如何与孩子相处，该如何引导孩子学习，也希望得到家长们的支持与配合，家校合力，共同帮助孩子成长。

除此之外，班主任还需要积极营造良好的学风，多点捕捉学生在校主动学习的瞬间，并在家长群里进行大力表扬，学习环境不要过于高压也不要过于轻松，学会保持松弛感。针对学习氛围的营造，需要班主任的正面管教，发挥激励教育的作用。针对每次的随堂练习和大型考试，老师都要做好记录，对"单科之星"和进步者进行奖励表扬，还可以邀请全方面成绩不错的学生进行经验分享，点与面的结合，让学生感受到成就感，找到自我的价值。除了奖励制度，班主任还需要时不时找不同层次的学生谈话，时不时敲打一下他们，特别是尖子生，可以适当地要求他们找老师问问题，经过一段时间的实践，他们发现成绩的进步，自然会自发地去找老师问问题，逐渐地摸索到学习的内驱力。

【后期效果】

在班级文化和班级奖励制度的互相配合下，不管是班级学习状态还是班级面貌，都出现了很大改观：

1. 班主任减少了在班级露面的次数，课堂巡查少了班主任这个"探头"，每节课的学习状态却比之前要积极向上许多，学生的精神状态更加地饱满了，班主任有更多的时间进行学生们精神上的陪伴与激发，有更多时间去钻研教学，这有利于学生们的长远发展。

2. 学生"躺平"的现象减少了，反而课间看到不少"内卷"现象，课间学生们争先恐后地问老师问题，或者是争分夺秒地进行碎片化的学习，当然在劳逸结合之下，学生们的状态也越来越好了，一改之前的疲惫感，该运动玩耍的时候看到孩子们的积极阳光，该学习的时候看到孩子们认真钻研的模样。

3. 科任老师对班级连连夸赞，喜欢在班里上课，孩子们在课堂上也学得愉快，偏科的现象也慢慢得到缓解，逐渐走向平衡，可喜的是看到了尖子生的出现。家长与孩子的矛盾没有之前那么大的冲突，家长也开始信任老师，放心孩子在校的学习，并积极配合。

4.在班级成绩方面的进步，给学生们带来极大的信心，从而带动其他德体美劳的全面发展，班级风貌展现良好，学生们也不只是学习的机器，在班级活动方面也非常积极，班级凝聚力大大增强。

【我的思考】

经历了这次的起伏后，我更加地明白了素质教育全面发展的意义，也更加理解国家大力推进"双减"政策的意义。作为教师，我们更不应该只看到成绩这方面，我们应该要学会读懂孩子们的心理，站在他们的角度，真正意义上为他们着想，否则会适得其反。有时候，我们老师也要学会欣赏身边的美，学会欣赏孩子们的长处，发现他们的独特之处其实也是令人骄傲不已的。

有人说班主任偏爱优秀学生，怎么办？

深圳市福田区皇岗创新实验学校　张凡

【案例描述】

在班级里，我既是班主任，同时也任教英语，平时我对学生的学习要求很高，为了能够塑造良好的班风学风，我也经常会点名表扬平时能够交完作业自觉开始早读、课上积极举手发言、平时考试成绩优秀的孩子，也会在每次大考后给班里表现突出的孩子自费购买一些奶茶、比萨等作为奖励，希望能让其他同学明白努力会得到丰硕的果实，班里其他同学能够积极向优秀同学看齐。在我用尽心思鼓励班级同学向上向善的举措下，班级也逐渐涌现了一批"领头羊"，这些品学兼优的学生，无论是在学业成绩上还是在品德习惯上都堪称班上同学的典范，于是每次评优评先，这些同学都能获得许多荣誉和称号。班里很多同学也愿意和这些优秀的同学为伍，在课下主动向他们请教问题，或是放学后结伴回家。

我对于班级内部有这样的精神风貌感到满意，也坚信优秀同学的榜样和示范作用能够带动整个班级继续向前。但是有一次，在准备公开课的时候，我带着部分同学去空教室排练课本剧，准备让其他老师看到班级同学的风采。走到走廊的时候，遇到了成绩平平的小何同学，他看到我和这些同学带着课本剧的道具走在一起，就很大声地说："老师你偏心，每一次都是让他们上台表演。"课本剧表演的征集我都是面向全班发出邀请的，但是积极响应的都是这些同学，于是听完小何的话后我感到困惑的同时也有一些生气，找了个时间把小何叫到我的办公室单独沟通。

面对面交流的时候，我告诉小何，听到他说我偏心其实我也感到委屈，虽然班里有部分同学表现很优秀，但是我对于后进的孩子同样也花了很多心思进行课后的辅导和沟通，小何同学抿着嘴不说话，低着头不看我。我有些难过，觉得自己的心思不被学生理解，就让他回班上课了。

旁边的另一位老师在学生走后过来安慰我，对我说："学生肯定能感受到你的用心，他肯定也很想参加课本剧表演，只是不好意思说。"同事的话让我有了新的思考，我对待班级里的孩子都是一视同仁的，但是我为了树立典型所采取的一些行动，有时落在其他同学的眼里，就成了偏心。

【案例分析】

进入青春期的孩子变得更加敏感，自尊心也更强，有些时候他们不会主动向我们诉说自己的心事，需要我们通过细心观察来察觉他们内心真实的想法。

在班级管理的过程中，我为了能够在班级里树立标杆，在公开的场合给优秀同学很多表现自己的机会，让他们能够在其他同学面前充分展示自己。虽然私底下我对后进同学一样关注，给予鼓励和指导，但是对他们闪光点的关注不够，没有创造条件让他们也一展自己的风采，虽然他们嘴上未必会说，但是内心应该多多少少有些不舒服，也很渴望老师能够在其他同学面前让他们有展示自己独特之处的机会。

每一个人都渴望得到关注和肯定，但很多时候，我们评判一个学生是否优秀的标准很容易落在成绩和平时表现上，往往容易忽略那些成绩不突出、平时会出小状况的同学的感受。

美国心理学家埃里克森认为，青少年在成长过程中面对的最大困难就是建立关于自我的同一性，自我同一性是指人对自我一致性或连续性的感知，包括个人同一性和集体同一性。个人同一性是指清楚认识自己固有的特点、爱好、理想等；集体同一性是指追求一种社会的认同感。作为班主任，我们要放弃用一把尺子量学生，学会通过自己的智慧发现学生的闪光点，让每一位孩子都能够在各自的维度成为优秀者，让每一位同学都能感受到自己的独特价值，帮助学生实现个人价值，形成自我认同感。

【解决措施】

要让学生认为班主任老师不偏心，最重要的是多给学生展示的机会，让他们能够获得自信。学校组织的各类活动，比如艺术节、运动会等，都是让学生充分展示自我风采的好机会，有一技之长的同学都非常热衷于参与这些集体活动。在学校组织的三人篮球赛中，小何同学作为班里的运动健将踊跃报名了。我组织班里的孩子用纸箱制成精美的加油牌，在场边号召全班同学一起为赛场上的同学加油，班里的孩子取得了第二名的好成绩，获得了校长亲自颁发的奖杯，我将这些美好瞬间拍照留念，在班级里开辟一块照片墙，上面都是学生在各类活动中的洋溢着青春风采的照片，学生特别喜欢在下课后围着班级的照片墙一起欣赏和讨论。照片里的主人公们看到老师和同学对自己的关注，也发自内心感到高兴。

班主任在班级管理的过程中，对待学生也要一视同仁，即使是平时表现再优秀的孩子也难免有犯错误的时候，班里其他的几十双眼睛都会盯着班主任如何处理，如果我们对待学生犯错误采取了因人而异的办法，就会失去同学的信任。因此班里不管是谁犯错误导致班集体被扣分，都会严格按照班规落实，该扣量化分、该罚值日都不含糊。处事公正，一视同仁，才能让我们得到学生的信任。

要让学生感受到老师的关心和爱护，需要我们多动心思，创造更多与学生沟通的机会。让学生到办公室帮忙就是一个很好的沟通机会。班里有些孩子不爱学习，但是非常热心帮助老师做事情，期末的时候总有很多的评语要贴在学生手册上，我忙不过来的时候就会请同学来帮忙，在贴评语的时候就有时间和这些同学好好交流。这些同学平时对班里的一举一动都了如指掌，有时我们甚至能从他们口中知道班里的很多小秘密，知道了班里谁对谁有了不一样的小心思、谁和谁悄悄抄作业等等，这也成了我收集信息的好时机，让我对班级情况有了更多的了解。在学生帮忙做完事情后，我也不忘付"酬劳"——一瓶牛奶或者一点儿小零食，学生到办公室帮助老师，还得到了老师的小礼物，内心也会觉得老师对自己真好，走出办公室还会向其他同学炫耀。

人的价值在于创造价值，当学生能够感受到自己被集体、被老师需要和肯定的时候，他们就不会再认为老师偏心，而是能够充分感受到自己被集体接纳、被老师关怀，当每个孩子都被老师偏爱的时候，班级内部就能够更加和谐。

【后期效果】

在篮球场上尽情挥洒汗水、彰显青春活力的小何同学，听到来自老师和同学的欢呼喝彩后，自信心爆棚，看到自己的照片被贴在班级照片墙上，被大家讨论关注的时候，他再也不提"偏心"二字，也经常和同学结伴路过我的办公室门口，看到我手里抱着作业本，急忙抢过去帮我搬，我看着这些热心的同学，内心也感到温暖和欣慰。学生的内心大多是单纯的，都渴望得到爱和关注，当我们寻找机会表达自己的关心，他们就会更加愿意靠近我们。

后来再有公开课和课本剧表演的时候，我让每位同学自行组队表演，擅长英语的同学可以多一些台词，不擅长英语的同学也可以上台演一些不需要台词的角色，最重要的是大家都参与其中，我也经常能够收获很多富有创意的动作表演和道具。上一次需要学生用道具表演出四季情景的时候，我收到了很多可爱的照片，不少孩子在大夏天找出厚毛衣和羽绒服，套在身上，演出冬季的氛围，这些照片呈现在PPT上的时候，让同学和老师们都不禁露出笑容。

随着时间的推移，同学们之间有了更多的了解，在集体活动中，他们也很清楚谁有哪方面的才华，学会彼此欣赏。我在学期总结的时候也会结合学生的表现，颁发不一样的奖项，例如最乐于助人奖、最具运动风采奖、最佳学习标兵奖等等，从多个维度对学生进行评价，让他们都能感受到自己在班级里的价值。

【我的思考】

学生认为老师偏心优秀学生，很多时候其实也是带着一种委屈和自卑的心情，一方面希望自己也能得到老师的肯定和表扬，一方面也认为自己不如别人。我很庆幸有学生可以向我表达出这种复杂的心情，学生能够用自己的语言表达内心的想法，其实是对我的一种信任，也驱使我去关注和思考自己如何让不同的学生都能焕发出属于自己的青春光芒，用自己的智慧去发现学生身上的闪光点，让他们知道自己也有独特的魅力。

亲子关系篇

学生家庭亲子矛盾频发，怎么办？

深圳市宝安区石岩湖学校　饶慧娟

【案例描述】

在我担任班主任的班级中，有一名学生（小明）在家庭亲子关系方面存在较大矛盾。具体表现为：

第一，小明与父母沟通少，不仅很少在家长会上看到他的父母出现，在班级群中，小明父母也基本不参与讨论、不发言。通过与小明的谈话了解到，他的父母工作繁忙，经常加班，与小明的交流时间有限，同时，小明是家里的独生子，没有可以交流的同伴，这使得小明感到孤独，缺乏家庭的温暖及父母的关爱和支持。

第二，小明的父母过于关注学习成绩，忽视了对他的心理健康和个性发展的关注。他们在谈论小明时，总是将话题聚焦在分数和排名上，对他的学习要求过高，希望他在各方面都能取得优异的成绩。这导致小明长期承受巨大的压力，心情焦虑，对学习失去了信心，为人处世上也缺乏安全感，不敢表达自己。

第三，有一次小明的成绩在一次重要考试时出现下滑，父母对他进行了过度的指责和惩罚，导致家庭矛盾升级，这使得小明心情更加低落，甚至出现了轻度抑郁症的症状。

【案例分析】

第一，学生家庭亲子矛盾成因：

首先，小明父母的工作繁忙导致他们在家庭教育方面投入不足，他们没有足够的时间和精力关注小明的成长，而在初中阶段，孩子各方面的发展都很快也相对敏感，此时家长忽视了与孩子建立亲密关系的重要性，导致亲子间出现隔阂，关系紧张。

其次，小明父母过于关注学习成绩，而忽视了孩子的心理健康和个性发展。他们在教育孩子时，过分强调分数和排名，导致小明产生巨大的心理压力。长时间以来，这种单一的教育方式使得小明在面对困难和挫折时，缺乏有效的应对策略。

再次，小明父母在教育方式上存在问题。他们在面对孩子的错误时，往往采取惩罚和指责的方式，而忽视了引导和鼓励。这种"打击式"教育方式不仅影响了小明的心理健康，还导致他在面对困难时缺乏解决问题的信心和勇气。

第二，学生、家长和其他教师的反馈：

学生们普遍觉得小明在课堂上显得沉默寡言，课后也基本上是一个人独来独往，缺乏与同学交流的积极性，同学们都关心小明的情况，希望能帮助他渡过困难，因此，课后同学们积极主动与小明同学一起探讨问题和玩耍。此外，同学们也表达了对家庭教育的看法，一致认为父母应该关注孩子的心理健康和个性发展，而不仅仅是关心学习成绩。

其他家长在了解到小明的家庭情况后，他们认识到，作为家长，应该关注孩子的全面发展，及时调整教育方式，积极配合班主任的指导，帮助孩子渡过成长的困境。科任老师们也关注到了小明的家庭问题，在课上给了小明更多表达自己的机会，并鼓励他、肯定他，使小明的学习信心增强了许多。班主任在这种情况下发挥关键作用，通过学生和科任老师助力小明重拾学习生活的信心，通过与家长的沟通，协调家校关系，帮助小明解决家庭亲子问题。

【解决措施】

第一，提高家长教育意识：

我邀请了小明的父母参加学校组织的家长教育培训和讲座，帮助他们了解亲子关系的重要性，转变教育观念，提高家庭教育的意识。同时，在前期与小明和家长单独沟通之后，我安排小明与父母的进行会面交流，了解他们的教育观念和困惑，帮助他们找到了彼此沟通方面存在的问题，为他们提供针对性的建议和指导。另外，我与小明的父母分享一些有效的教育方法和技巧，帮助他们转变教育方式。例如，鼓励他们与孩子进行更多的交流和沟通，了解孩子的需求和困扰；学会适时表扬和肯定孩子的优点和进步；适当放宽对孩子的行为和社交活动的限制，让他拥有更多的成长空间；周末闲暇时间多带孩子参加户外活动。户外活动是加强亲子沟通的重要途径。

第二，关注学生心理健康：

对于小明现阶段的心理问题，我也邀请了学校德育处专业的心理辅导老师为小明进行心理辅导，帮助他调整心态，增强自信和抗压能力。同时，通过组织主题班会活动和课外活动，培养小明与同学之间的沟通和合作能力，帮助他更好地融入集体。比如，在一次班会课的时候举行的辩论赛活动中，小明同学作为正方辩手2号，在整个比赛过程中，积极与同伴交流讨论。辩论是他最喜欢的活动之一，这次活动也增加了他的信心。

第三，加强家校沟通与合作：

我与小明的父母进行沟通，引导他们认识到过高的期望对孩子的成长和心理健康的负面影响。让他们理解到，孩子的成长需要关注全面发展，而不仅仅是学习成绩。此外，也让他们明白适当降低期望值，孩子成长与进步的空间很大，给予孩子更多关爱和支持，有助于提高孩子的自信和学习动力。我定期与小明的父母联系，及时向他们反馈小明在学校的表现和进步，以便他们了解孩子的真实情况。同时，我也鼓励小明的父母参加家长会和学校活动，加强与学校的沟通与合作，共同为小明的成长创造良好的环境。

【后期效果】

经过一段时间的努力，小明的家庭亲子关系得到了明显改善。他的父母意识到了亲子关系的重要性，开始花更多的时间陪伴和关心小明。他们调整教育方式，不再过分关注成绩，而是关注小明的心理健康和个性发展。与此同时，他们也逐渐学会用鼓励和引导的方式来教育孩子，使小明的自信心和抗压能力得到提升。小明在学校和家庭的双重关心下，情绪得到了调整，心情变得更加愉快。同时，他在课外活动中结交了新朋友，人际交往能力有所提高。在家长和学校共同努力下，小明的成绩也逐渐回升。

在学校方面，小明在心理辅导老师的帮助下，逐渐调整了心态，学会了如何面对困难和挫折。通过参加课堂活动和课外活动，他与同学们的关系也变得更加融洽，变得更加活跃和开朗。其他家长在了解到小明的改变后，纷纷表示感慨，认识到了亲子关系和家庭教育对孩子成长的重要性。他们也开始更加关注自己孩子的心理健康和个性发展，与学校密切合作，为孩子们创造更好的成长环境。

【我的思考】

作为班主任，我深刻地认识到关注学生的家庭环境和亲子关系对学生的成长至关重要。我们应该与家长保持良好的沟通，共同为学生的全面发展创造有利条件。我深知自己在学生成长过程中的责任和担当，学校和家庭应该共同承担教育责任，互相支持和配合。班主任需要定期了解学生的家庭状况，发现问题及时给予指导和帮助。同时，这也要求我们班主任要不断学习专业技能，提高管理能力，这样才能从容面对学校发生的各种情况。通过小明的案例，我也认识到家庭教育对学生的重要性，以及亲子关系在孩子成长过程中的关键作用。同时，我也意识到，面对家庭教育问题，我们应当发挥专业优势，主动与家长沟通，帮助他们解决困惑，提高家庭教育水平。

此外，我认为在面对学生家庭矛盾时，我们应该采取积极的干预措施，提供心理支持，以帮助学生走出困境。同时，我们还要关注学生的在校表现，向学生提供学习和生活方面的帮助，以确保学生在良好的心理状态下更好地成长。在今后的工作中，我将更加关注学生的心理健康和个性发展，努力创造一个温馨、和谐、有爱的班级氛围。同时，我将积极推动家校合作，加强与家长的沟通，携手为学生的成长营造良好的环境。

通过这个案例,我学到了处理学生家庭亲子矛盾的方法和技巧,对于今后的工作积累了宝贵经验。作为班主任,我会时刻关注学生的成长,努力为他们创造一个温馨、和谐的成长环境,与家长携手共同培养出更优秀的下一代。我相信我能够为更多的孩子提供更好的教育,帮助他们茁壮成长,成为有理想、有道德、有文化、有能力的新时代青年。

学生遭遇家庭暴力，怎么办？

深圳市福田区外国语小学（景秀）　程楠

【案例描述】

我带五年级3班有两年了，这个班共49位学生。在我当班主任期间，班风、学风都是积极向上的。但是，自从升五年级，个别学生常常情绪失控，与人打架。为了了解缘由，我做了调查，发现这些学生都遭遇了家庭暴力。处于家暴环境阴影下的他们，很容易做出过激行为。比如，班上的小王和小颜两位同学。

小王一直是比较调皮捣蛋的学生，但是平时也只是玩闹，从未动手打过人。一天课间，有位同学走路时不小心碰到了他，没想到他恼羞成怒，冲着对方大吼："你是不是要杀了我啊？"话音刚落，小王狠狠地往同学的脸上揍了一拳。对方的怒气一下子被点燃，便还手打了小王。接着，两个人扭打成一团。打斗过于激烈，其他同学都不敢靠近。听闻有学生打架，我马上跑了过来，费了很大的劲才将他们分开。然后，我把他们带到了没什么人的走廊里。两人慢慢冷静下来之后，也意识到了自己的错误。于是，我让他们互相道了歉，握手言和。事后，我感到十分困惑，为什么一个再正常不过的肢体接触，能引发一场暴力事件呢？

第二天，小王偷偷过来跟我说："老师，近期我总能听见一个'去死吧'的声音，这个声音怎么都甩不掉。"我当时听了之后，心里不禁打了个寒战。他到底经历了什么事，能使自己出现幻听？我一边轻轻地拍拍他的肩，一边告诉他，学校是很安全的，而且老师和同学们都很爱他。后来，我也将这件事反馈给了他的父母和心理老师。孩子的母亲说，他父亲最近失业在家，动不动就发火，还打了孩子。

学生在遭受家暴之后，都不懂得如何正确应对，导致心结越来越大，造成情绪失衡，过度解读身边发生的事情。

近期出现这样的暴力事件，让我意识到了事情的严重性，便开始密切关注其他学生的情况，结果发现班级同学或多或少在经历家庭暴力。于是，我委托班干部多关注一下同学们聊自己父母时，他们的相处模式都是怎样的。

同时，我还布置了一个书信作业——写给爸爸妈妈的一封信。在看学生作业时，我还发现了很多其他的家庭问题，比如父母辱骂孩子，父母偏心等。这也不免令我深思，带高年级的学生，普及家庭教育势在必行。否则，不良的亲子关系，会严重阻碍学生的身心发展和性格塑造。

【案例分析】

除了家长，平时学生接触最多的就是老师。班级发生暴力事件，作为班主任有着不可推卸的责任。首先，我没有意识到家庭教育的重要性，没有关注学生的家庭教育情况。其次，我忽略了家庭暴力会对学生造成的影响，没有做好预防家暴和制止家暴的方案。

更重要的一点是，我依然保持着传统的教学模式，将注意力都放在了教学和处理班级的日常事务上，没有密切关注学生的心理状况。学生出现了心理问题，我没能及时察觉到，帮助他们解决问题。当学生内心的症结越发严重，而又无法得到有效缓解时，就容易出现过激行为，最终导致冲突升级。

另外，班级发生斗殴的情况，作为班级管理者的我，理应及时化解矛盾，了解事情的来龙去脉，同时让学生家长与心理老师介入，持续跟进，一起帮助学生走出困境。但是，由于我没有认识到这类事件的严重性，加上自身缺乏相关问题的处理经验，使得事态往糟糕的方向发展。

如今五年级的小学生，虽然在生理和心理上都更加成熟，但是他们的心智还未成熟，容易受到他人和各种良莠不齐信息的影响。比如，他们会采取与父母相同的解决问题的方式，来应对类似的事情。就像小颜在面对突如其来的推桌子而做出的反应,即向同学大声吼叫,正如父亲对他大喊的那句"你在干吗?这么没用"一样。

无论是家庭教育,还是学校教育,对于孩子来说都是至关重要的一环。如果在这个阶段,家长和老师没有做好表率,给予孩子正确的引导,那么孩子容易沾染上许多不良的习惯,从而影响到他们的身心健康、学习、人际关系等各个方面。

为了让学生有更加健康的成长环境,我也会定期进行家访,深入地了解学生的家庭情况,梳理学生情绪出现较大波动的原因。同时,我还会关注学生的个人动向与心理状态,必要时进行一对一心理辅导。

总之,通过梳理并分析班级里同学对矛盾的不合理解决方式,我发现两个很重要的点:一是要从根源上掐灭家庭暴力的苗头,即给予家长正确的教育指导,协助家长与孩子构建良好的亲子关系。二是帮助学生认识家庭暴力,使他们有勇气向家暴说"不",引导学生用积极的方式去解决遇到的难题。

【解决措施】

和孩子的父母进行沟通,从源头上遏制家暴。

父母是孩子的第一任老师,他们的一言一行都会对孩子产生影响。因此,我会与学生家长进行深入的沟通。沟通之前,我先让班干部对所有同学的家庭情况做了一次调研,比如了解学生家境、在家的表现、与父母的相处模式等。摸排清楚之后,我对有家庭暴力倾向的家长进行了家访,沟通的内容主要分为两点:

首先,提升家长对家暴的认知,对家暴说"不"。让学生家长认识到家庭暴力是违法的,它不局限于夫妻之间的暴力,还包括了对孩子与其他成员实施的暴力行为,像经常性谩骂、限制人身自由、恐吓对方等行为,都属于家庭暴力的范畴。家庭暴力对孩子造成的伤害是多方面的,比如孩子的身心健康、学业发展、人际交往、生活方式、人格发展等,而且影响会长期存在。

其次，助力家长构建良好的家庭教育，营造和谐家风。让家长摒弃"不打不成才"等陈旧的家庭教育观念，引导他们采取民主型的教育方式，将孩子放在平等的位置上，耐心倾听孩子的想法，与孩子随时保持着良性的沟通。同时，注重对孩子综合素质的培养。

沟通时，如果他们对某处感到不解，我就会停下来倾听对方的问题，并且耐心解答。当然，家访提及的重要信息，我还会整理成文字，做成学生档案，以便随时查看与更新。

联合心理咨询老师，帮助学生学会自我疗愈。

面对有心理问题的学生，仅凭班主任的一己之力，是很难让学生轻松地摆脱困扰的。于是，我请了学校心理老师辅助，给学生科普暴力相关的知识。

首先是教会孩子认识暴力。暴力主要分为语言暴力、肢体暴力以及心理暴力这三种。其中语言暴力，主要是指污蔑别人、给别人起带有侮辱性的外号等行为；肢体暴力主要是指，对他人进行肉体上的伤害等行为；心理暴力主要是指，孤立他人、侮辱人格等行为。

从个人层面来讲，暴力产生的原因有三点。一是，学生本来就有不良的行为习惯，学习成绩较差，现实中他们可能会因此而经常受到家长和老师的批评或忽视，于是他们对待生活的态度更加消极，破罐子破摔。二是，学生的心智尚未健全，且模仿能力较强，当他们有机会接触到一些与暴力相关的内容，就会被潜移默化地改变。三是，以自我为中心，缺乏对他人的理解与关爱。

其次是降低家庭暴力对学生的影响。长期受到家暴的学生，会出现自我价值感过低、社交能力匮乏、使用暴力解决问题等情况。学生可以通过这三种方式来自我疗愈。一是，写成功日记，每天记录一点儿自己进步的事情，学会相信自己，多夸赞自己。二是，保持运动的习惯，可以通过散步、骑行、舞蹈等方式帮助自己放松。三是，主动与朋友聊天，分享自己的故事，发展深厚的友谊。

科普之后，学生对家暴有了更清晰的认知。若自己遭遇家暴，或出现心理问题时，会及时寻求帮助。现阶段的学生正处于身心快速发展的关键时期，培养学生的情绪调控能力，有利于增强他们心理内部的稳定性，建立良好的人际关系，从而减少冲突、矛盾的发生。

开展《对家庭暴力说"不"》主题活动，为孩子创设温暖的环境。

预防家庭暴力，营造良好家风，是班主任工作的重点之一。家庭暴力出现的根源，在于家长。为此，我们可以举办预防家庭暴力的主题活动，活动分为两个环节。

第一个环节：科普家庭暴力的危害，引起家长重视，引导家长言传身教。

组织学生与学生家长共同观看预防家庭暴力相关视频，心理老师通过校园真实的案例，向大家讲解家庭暴力对个人、家庭、社会所产生的危害，应该如何预防家暴，制止家暴等内容。观看完之后，心理老师会邀请部分学生家长发表观后感，过程中也会向家长提问一些问题，比如"您理解的家暴都包括哪些行为？""若孩子遭遇了家暴，要如何处理？""如果自己有家暴倾向，如何预防家暴？"等问题，在思考的同时帮助大家更深入地了解家庭暴力。

第二个环节：家长阅读《写给爸爸妈妈的一封信》，走进孩子的内心世界。

家长阅读孩子写的信，读完之后，不允许做任何评价。接着家长查看孩子的"情绪表单"，表单上标记了孩子的情绪以及对情绪的评分，满分是10分。然后，家长向孩子了解每项情绪背后代表的意义。比如，家长问孩子，我看到你标记了沮丧的情绪，还打了10分，可以跟妈妈说说原因吗？孩子说，妈妈最近总是否定他，所以他感到非常沮丧。听到这，家长才意识到原来自己做了伤害孩子的事情，对孩子道了歉，并答应孩子会改掉这个坏毛病；同时告诉孩子他其实很棒，不要因为妈妈的话而对自己产生怀疑。

经过交流，学生与家长更加了解对方了，亲子关系得到了一定的改善。

事后，班主任继续跟进了解学生与家长的想法与变化。

【后期效果】

经过一段时间的持续辅导，学生与学生家长对于家庭暴力都有了比较深刻的认知，几乎没有出现家暴的现象了。大部分家长都与孩子构建了良好的亲子关系，学生的心理状态得到了明显的改善。

班级同学懂得用积极乐观的态度去面对生活中遇到的挑战，而当自己无法解决问题时，也会向外求助，用温和的方式去解决问题。

同学之间再也没有出现斗殴的恶性事件，他们学会了要多理解他人，帮助他人。班集体变得更加团结友善，笃信好学。

总之，学生焕发出了新的精神面貌，共同营造了更好的班风、学风，形成了良性循环。

【我的思考】

家庭暴力作为社会问题，并非朝夕之间能彻底解决的。它对学生的学业与健康都有着极大的威胁，作为班主任，我们还需要关注学生的心理健康，做到人性化管理。同时协商家校共育，为学生创造出健康的成长环境。当然，道阻且长，但我坚信行则将至，而且能为学生尽自己的一份力量，是我做班主任最大的意义。

学生不听家长的意见，怎么办？

深圳市福田区外国语小学（景秀） 程楠

【案例描述】

我从三年级接手这个班级做班主任，到现在的五年级，已经带这个班三年了。虽然偶尔也会发生一些不愉快的小插曲，但班里49位同学还都能认真遵守纪律，表现都不错。但是随着升入五年级后，学生开始步入青春期前期，开始有自己的思想，不再对父母言听计从，甚至出现和家长对抗的心理，将不良的情绪带入课堂。

刚升五年级不久，我就发现班级有些同学状态不好，甚至在我的课堂上，极个别同学上课走神。有一次周一上学，我一进教室，发现小程趴在桌子上哭，了解情况后才知道，父母认为快小升初了，没有与他商量，就给他报了很多辅导班，导致小程没有了玩耍的时间，他很生气与妈妈吵了一架。我问他为什么认为放学完成作业后就是玩的时间，他说爸爸妈妈下班回家也是玩手机呀，我的时间一定是我自己安排才行。了解到这里，我意识到孩子们长大了，逐渐开始有了自我意识，如果处理不当会影响学生对生活、学习的热情。

除此以外，班里的朵朵也来找我诉苦。因为她眼睛开始近视，妈妈就限制了她看动漫的时间，但是她却沾沾自喜地跟我说："老师，我晚上先假装睡觉，然后等家里没有声音了，赶紧起来，将平板拿到卧室偷偷看，看完再放回到原来的位置上。"听完之后，我深深地感受到学生开始进入叛逆期，敢与父母斗智斗勇，反抗他们的指令了。

于是我每周会抽出固定的时间，与两位学生家长了解孩子在家的表现，在跟家长的沟通中，也反馈了很多相似的案例。比如小李的妈妈讲，孩子最近睡前特别迷恋看漫画书，经常到了约定时间也不去睡觉，越催他越拖拉，就像没有听见一样。这让小李的妈妈很苦恼，感觉孩子没有小时候那么听话了。还有学生在班级里乖巧懂事，是老师的好帮手，在家里却是父母一开口批评，要么就像受到刺激一样与家长吵架，要么就生气地去自己的房间，锁上门拒绝沟通，很多家长感到束手无策。

通过持续一段时间的沟通，我再一次深刻意识到，学生们自我意识和心理在变化，但是父母的沟通方式却没有升级。随着年龄增长，他们越来越想要实现自我价值，而父母却还停留在之前的相处模式上。家长思维要跟上孩子成长的脚步，用平等的眼光与之开展对话，以欣赏的心态鼓励孩子前行，才能走进孩子心坎里。

【案例分析】

家长命令式语气往往是许多学生与父母之间冲突的起因，家长无视孩子的内心，会让他们更加叛逆，不利于今后学生身心的全面、和谐、健康发展。班主任在学生日常学习引导及言行养成中扮演着重要角色，不仅要能做到及时关注学生内心想法，更要能够与家长勤沟通。首先，我没有及时察觉到学生进入小学高年级后心理已经发生变化，忽视了与家长探讨科学的家庭教育理念。作为班主任，孩子愿意跟我说他的心里话，说明我得到了孩子们的信任，我应该引导学生学会和父母沟通，正确地表达自己的需求，有理有据地争取自己的权益。

每个学生都是有独立思想的个体，特别是小学高年级学生，他们已经非常有主见。所以在班级管理工作上，我要不断创新管理办法。日常教学中穿插"诵经典、讲故事"等方法，对学生进行尊敬父母的教育，同时利用班级黑板报等文化墙潜移默化地引导学生关心、热爱父母。

五年级学生都在10~12岁，正处于与父母冲突最为激烈时期的开始阶段。他们在低中年级时乖巧听话，而到了高年级自我意识逐渐强化，心理上渴望独立与尊重，一旦被侵犯就会挑战父母权威进而产生冲突。如果家长、老师没有转变视角,平心静气地反思自己的沟通方式,学生就很有可能深陷到各种冲突旋涡中,最终会影响对生活、学习的热情,甚至影响身心健康。

为了及时避免遇到以上几种情况,班主任尤其要注重引导学生们学习如何选择正确行为方式来表达想法,同时利用课余时间多加强与班级学生沟通,全面深入了解班上不同年龄阶段学生心理的成长情况,尽可能做到从不同方向去指导班级学生,帮助每位学生及时走出成长的烦恼。

此外,我还会定期家访,与家长分享科学家庭教育知识。父母稳定平和的情绪示范以及科学正确的教养态度,有助于给学生营造一种和谐宽松的家庭教育氛围。在这样和睦的气氛中生活学习,更能够有利于学生快乐成长,有利于引导孩子尽快形成乐观向上的人生观和价值观。

总之,通过梳理分析学生不听父母意见的本质原因,我认为要做的主要有两个方面:一是班主任要在日常教育中引导学生换位思考,理解父母的动机。二是处理学生与家长之间的矛盾需要家校协商共育。父母要了解这个阶段学生的情绪和思维特征,积极地对话才能有效避免冲突发生。

【解决措施】

1. 引导学生感恩父母,学习正确表达想法的方式

作为班主任老师,意识到学生们的问题后,我开启了定期召开以"感恩父母"为主题的系列班会。

在主题班会上,我尝试采用小组互动讨论的形式,让学生之间交流分享自己与父母相处中感动的瞬间。让所有学生可以沉浸在亲子情感的分享与体验氛围中,感受那浓浓的父母爱子之情、亲情的伟大无私,懂得要时刻感恩于父母。

接着,我会列举出调研中学生与父母发生争执的问题。让学生说出自己的处理方式以及思考有没有更好的方式去解决。比如像上面小程的问题,父母的期望值很高,没有经过他同意报了很多补习班。他可以把自己的想法告诉父母,比如哪个科目是偏弱的,查缺补漏,让补习更有针对性,这样既能

提升成绩也有放松玩耍的时间。当与父母发生分歧，甚至发生摩擦时，能理解父母，正面表达自己的想法。

最后，我让全班同学写出对父母的心里话，回家交给他们。在这样的互动中，之前偷看漫画的小李就写了这样一段话："妈妈你担心我近视眼，限制我看漫画是为我好，但是希望你下次和我说话能温柔一点儿，或者和我一起制定规则，我一定认真遵守。"

学生与父母之间的争执不可怕，可怕的是我们无法帮助学生正确认识与应对它们。因此，通过主题班会，全班同学都能正确看待自己的行为，并且能理解父母。

2. 引导家长树立正确家庭教育理念，掌握亲子沟通渠道的正确的打开方式

父母是学生最好的老师，而家庭则是学生的第一所学校。科学的家庭教育体系，更能有效地让家长与孩子之间心灵快乐地双向沟通，让家长了解到孩子真实丰富的内心世界，从而能够建立更加亲密融洽的亲子关系。

首先，积极与家长探讨学生在校、在家的表现。我会充分利用学校统一组织的家长会，以及家访，与家长分析学生的行为表现。同时我会为学生建立个性化档案，让父母知道孩子近期的思想动态，这样在教育孩子时会有针对性。父母说的，刚好是孩子心里想解决的，那么学生就更容易听进去。

其次，每周在微信群推送家庭教育知识。根据档案中学生的情况，制订月度主题学习计划，给家长提供解决问题的思路。比如1月份的主题是"如何与子女做朋友"，那我会围绕这个主题推送相关的教育知识。让家长意识到在沟通时要认同孩子的感受，和他们产生共情，给孩子积极反馈，才能和孩子进行良好的沟通交往。

最后，定期邀请家长分享自己的心得体会。我会先列出分享的框架，让家长围绕沟通的痛点、解决的办法、总结的经验三个方面来展开。给其他家长启发，可以在和孩子沟通时借鉴。

科学系统的家庭教育能让家长尊重理解孩子,这是有效的亲子沟通的前提。老师帮助家长掌握科学的教育方法,可以让父母不断优化家庭教育环境,为学生健康成长保驾护航。

【后期效果】

1.经过半学期的跟踪辅导,班里学生找我倾诉父母问题的情况明显减少。大部分同学已经能够用恰当的方式向父母表达自己的想法,有时还会和我分享与父母之间的趣事。

2.全班学生在和父母关系上更加和谐。双方能站在彼此立场上去考虑问题,父母能根据学生本阶段的年龄特点去沟通问题,在教学引导下学生能感知父母的爱,正确表达想法。

3.班级学生的心理状态在积极变好,课堂上更加专注。作为班主任老师,我时刻留心观察、掌握每位学生在校时的心理状态,发现问题及时展开真情关怀,用爱心和温暖来教育帮助他们。

4.在和家长的沟通中,了解到学生和父母有不同意见时,采取不再是吵架或是耳朵装作听不见等负面的处理方式,而是会用"一、二、三"的形式去阐述自己不同意见,能用折中的办法与父母协商,达成一致意见。

总的来说,父母改变了以前单纯说教的教育方式,能根据学生行为去讲背后的原因,学生更容易理解接受,而学生能够积极表达自己的看法,与家长沟通。和谐的亲子关系、健康的家庭教育氛围,能帮助学生健康地成长发展。

【我的思考】

随着学生们自主独立意识逐步增强,不走心的枯燥说教往往难以让学生能真正主动地接受,效果极为有限。作为学生班主任,首先需要时刻觉察学生情绪的变化,在实际教学与日常管理环节中,给予学生正确的疏导;其次,在日常班级管理中充满爱心,学生在遇到困难时才会主动找老师倾诉,便于班主任了解原因，帮助学生及时找到解决办法。班主任是整个班级教育的核心，我需要在实践中充分发挥班主任的引领作用，做好学生健康成长道路上的引路人。

学生不愿意和家长沟通，怎么办？

深圳市南山区南山外国语学校（集团）滨海学校　董宇

【案例描述】

青春期的孩子心里是有着最多秘密的，青春期的孩子也是最捉摸不透的。尤其是初中阶段的孩子，不少的孩子都跟父母的关系非常紧张，不愿意跟父母沟通交流。

我曾经在自己所带的班级做过一项调查，结果显示：50%左右的学生经常和父母发生或大或小的争吵；30%左右的学生跟父母沟通较少，有时候会发生冷战；只有20%左右的学生能够跟父母很好地沟通，愿意与父母分享学校的事情，遇到了问题第一时间会想到向父母求助。

这也就引出了一个大家不容忽视的现状：只有很少一部分孩子愿意跟家长积极沟通，而大部分的孩子们不愿意或是很少和家长沟通。在我所任教的每届学生中，也经常会有家长抱着焦急无助的心态向我请教如何解决跟孩子沟通的问题。

这是什么原因导致的呢？又该如何去改善和解决呢？

【案例分析】

俗话说："父母是孩子的第一任老师，而且是任教时间最长的老师；家庭是孩子就读的第一所学校，而且是影响孩子最深的学校。"父母是孩子最亲的人，可是孩子却不愿意和家长沟通交流，在我跟家长谈话的过程中，发现了主要有以下几个方面的原因：

一、文化方面

有的家长文化层次会比较低，孩子在进入了初中后，父母所储备的知识已经不能像小学阶段那样对孩子的功课进行有效的辅导和帮助，这导致了家长在孩子心中的地位从小学阶段"无所不知的神助攻"急速下滑。而初中阶段的孩子们，所学习的知识和科目都比小学要多得多，用一句话来说是"知识量呈几何倍数增加"，这就导致了孩子往往会感觉家长不再"无所不能"，家长曾经对自己学习的指手画脚也成了孩子们叛逆的源头，更多的时候孩子们会感觉无法跟家长在同一个频道上沟通，不想再跟家长分享他们的世界，当家长跟孩子的共同话题越来越少，就很容易形成一个恶性循环，孩子们越发不想跟家长沟通交流了。

二、养育方面

在中国绝大多数家庭里面，家长对孩子的教养方式不是特别科学，家长对孩子表达爱的最直接也是最简单的方式就是溺爱。长此以往，就很容易让孩子们形成"唯我独尊"的性格，尤其是在独生子女家庭表现得更加明显，当父母对孩子提出一些要求的时候，这类被溺爱的孩子就经常拒绝接受，有的甚至还会表现出让父母担心的行为，这样一来，就很难进行有效的沟通。

三、教育方面

有些父母比较强势，在工作岗位上强势无可厚非，但是很多家长很容易把这种强势带到教育孩子上面来。在跟孩子沟通的过程中，说一不二，要求孩子必须听从自己的建议，不允许有自己的观点和看法，要是跟父母顶嘴就是大逆不道。在孩子还小的时候，孩子往往会比较听从父母的强势要求，可是随着年龄的增长，孩子们的自我意识渐渐觉醒后，家长还是用同样的说话方式跟孩子沟通的话，就很容易激起子女强烈的逆反心理，最常见的结果就是和父母对着干。

总之，如果学生出现了不愿意和家长沟通的情况，其实是跟父母的表现有着莫大的关系的。当然，在问题前面，一切指责都是无效的，我们要做的是应该引导家长正确认知科学教育的重要性，对自己曾经做得不好的地方进行补救，而不是一味地抱怨、指责或者谩骂。

就像开头所说的，我们所面对的是青春期的孩子，他们往往有着自己的见解和看法，这就要求家长在对他们进行教育的时候不能急于求成，因为一个问题的出现绝不会是短时间内形成的，同样，解决这样一个问题也绝不可能在短时间里就看到效果。作为家长，在跟孩子沟通的过程中，一定要充分尊重孩子，以一个平等的姿态来跟孩子对话交流，在沟通交流的同时，还要保持足够的耐心和信心，耐心是指给孩子时间，信心是指给孩子动力，这两者缺一不可。

【解决措施】

一、家长层面

没有哪个家长生来就是一名合格的家长，俗话说"学无止境"，如何做一名合格的家长是一门长期的功课，更是一门终身的功课。每个阶段的孩子，是需要家长用不同的教育方式来沟通和交流的，尤其是男孩子。澳大利亚著名家庭问题专家史蒂夫·比达尔夫写过一本书叫作《养育男孩》，里面就提到了这种现象："千万不要觉得你家的宝贝还只是个孩子，就是这个男孩，他终有一天会成为一位兼具责任感和成熟魅力的顶天立地的男子汉，这一隐秘而巨大的变化，正发生在你与之共同生活的十几年间。"

要跟自己的孩子进行良性和有效的沟通，就要了解孩子成长过程中的三个关键期：

第一个关键期是从孩子出生到6岁，这是属于家长对待孩子的温柔时期，父母需要在这个阶段与孩子形成相互依赖的亲密关系，并能最大程度提供给孩子抚慰，扮演孩子的全部世界。

第二个关键期是在孩子6~13岁，孩子正在学着如何成长，这个时候就要求父母尽可能抽空多陪陪孩子，多亲近孩子，享受与孩子在一起的快乐时光，扮演孩子的朋友。尤其是父亲，因为从父亲身上，孩子更能够理性地分析事情和处理事情。

第三个阶段是孩子14岁以后，这个阶段是孩子向成人转变的关键期，家长则要扮演引导者的角色，帮助孩子慢慢迈向更广阔的世界。

初中阶段的孩子，处于第二阶段和第三阶段的转型期，这就要求家长们不仅要成为孩子的亲密朋友，还要成为孩子的引导者。

作为家长，要多阅读和学习青春期孩子的有关书籍，不断纠正自己错误的教育观念，学会慢慢放手，让孩子在一些事情上自己做主，给予他们一定的自由和尊重，给他们自我独立的空间。但同时，在孩子们显得心有余而力不足的时候，家长们要及时陪伴在其身边，进行积极的引导，以鼓励为主，慢慢树立起孩子的自信心。如果家长们能够这样坚持做下去，相信孩子们一定不再对家长封闭自己的小世界，而是把家长当作良师益友，愿意分享他们的所感所得。

二、学生层面

孩子不愿跟家长沟通，这只是反映出来的一种外在的现象，我们要做的就是透过现象看到本质，想办法打开孩子的心扉，了解到他们真正想的是什么。

以我所教班级的学生为例，看似大家都坐在同一间教室，但是每个孩子背后的家庭，却是千人千面的，学生父母里面有的是体面的工作，衣食无忧，自然也有充足的时间好好陪伴自己的孩子，与孩子进行良好的沟通交流；而有的家长却仍然奔波在维持家庭基本开支的路上，这就导致了有一部分孩子不愿正视自己父母的工作，甚至是看不上他们的工作，就更别谈什么坐下来沟通交流了。对于这一部分孩子，作为班主任，要引导孩子正确看待自己父母的工作，工作不分贵贱，绝大部分孩子都是非常单纯善良的，要打开这类孩子的心扉，就要唤醒他们内心深处的良知和对父母工作的认同。

我为此专门设计了一堂与"感恩"有关的班会课，在上这堂课前，我要求全班的父母亲笔给自己的孩子写了一封信，并且在孩子不知道的情况下直接送到我的办公室。在班会课上，我给孩子们一一下发了来自他们父母的信件。同时，我还邀请了一位平凡工作岗位上的母亲上台演讲，向孩子们讲述了自己工作的不容易、作为成年人要承受的压力，以及不得不在一些时间忽略孩子感受的无奈。

不是所有的父母都有着光鲜体面的工作，也不是所有的父母都对社会做出了卓越的贡献，但是有一点是毋庸置疑的，那就是对孩子毫无保留的纯粹的爱！单凭这一点，就足以让他们毫无愧疚地接受自己孩子最尊敬的目光。

这堂班会课似乎对班上的很多学生都有所触动，尤其是在看到父母给自己的亲笔信后，很多孩子都哭了，我相信这是感动的泪水，但更多的是对父母的理解和体谅。

一封简单的信，可以打开父母和孩子之间的心结，让彼此更多一份了解和包容。在接下来的学习生活中，我也鼓励这种形式持续下去，即父母和孩子之间如果有了问题和矛盾，彼此之间又拉不下脸来道歉的时候，就可以用写信的方式来进行，只要双方的目标和方向是一致的，那所有的问题都能够得到解决。

【后期效果】

在班主任与家长的及时有效的配合下，一些原本不愿意跟家长沟通的孩子开始渐渐跟家长沟通了，亲子关系也有了不同程度的改善。

当然，"冰冻三尺，非一日之寒"，这种关系的改善是需要一个长期过程的，需要家长和孩子双方共同的努力，尤其是家长的坚持。

【我的思考】

在日常生活中，很多家长习惯性把希望寄托在孩子身上，自己小时候无法实现的愿望也好，虚荣心作怪也好，还是单纯只想孩子出人头地也好，层层强加到孩子身上，孩子当然不堪重负了。作为父母一定要清楚的一件事就是：孩子是独立的个体，不是你意志的延续。作为父母一定要把握好这个度，对孩子的关爱要成为他们前进的动力，而不是有碍于孩子前进的障碍或者负担。

只要我们家长能用客观公正的眼光看待自己的孩子，能不急不缓地陪伴孩子成长，在他们遇到困难的时候及时帮助他们，在家庭里营造宽松温馨的氛围，给予孩子精神上的安慰和鼓励，就一定能够赢得孩子的心，那沟通和交流自然也就没问题了。

　　家长和孩子的互相理解是沟通和交流的关键，作为班主任，给家长和孩子搭建友好沟通的平台是十分有必要的，这个平台能够让家长和孩子敞开心扉、积极互动、营造和谐的亲子关系，同时也为孩子的健康成长留下了美好的回忆，何乐而不为呢？我想这也是班主任这个光辉职业的意义所在吧。

纠结"赢了"孩子，还是"赢得"孩子，怎么办？

深圳市宝安区塘尾万里学校　刁利华

【案例描述】

游戏照进生活，欢乐撞进刺激。而你却进家门前，如沐春风，到家门，化似兵马俑？进门后，冲锋陷阵，离开时，苟延残喘？惶恐，惶恐，这吐槽，竟是我们家庭教育的真实写照。为孩子大包大揽，亲力亲为，我们掏心掏肺，苦不堪言，孩子却痛不欲生，家庭教育鲜有成效。我们长吁短叹，心焦如焚。难道，他们只对游戏饶有兴致，却极力挣脱我们准备的受益终身的"经验之谈"？

惶恐，惶恐，家庭教育愁云惨淡，我们陷入了沉思。究竟要拿什么来吸引孩子？怎样给黯然失色的沟通美容？

教育家们常言：无爱便无教育。如果爱，请深爱！可为人父母，除了要有爱，还要会沟通，而后者是不会从前者中毫不费力地衍生。爱，是本能，也可由他人他事激发。而有效沟通，仅能结晶于坚持实践、学习与反思。既要有爱，又要有效沟通，方能更好地做好家庭教育。那么，有效沟通，从何而来？

毫无疑问，借鉴先行者的教育经验，不失为一条捷径。2023年3月13日晚七点，至善学院"中国教育名家"全国公益直播，特邀著名心理教师毛春梅老师做"有效沟通，'赢得'孩子——以管理手机为例"的精彩分享。借此良机，我积极参与学习，思考我们常碰到的棘手问题，渴求鞭辟入里的分析、实用有效的解决之道，希望能为孩子或父母的成长提供最适切的指导。

讲座内容颇丰，加持以自身教育孩子的实例，她娓娓道来，干货满满，我收获良多！欲语万千言，奈何才疏学浅，唯浅谈一二。现如今也是与手机、与网络抢孩子的时代,你要"赢得"孩子,还是"赢了"孩子?区别在哪?

【案例分析】

亲子沟通出现障碍,必然影响教育效果。一般而言,影响亲子沟通主要有以下四个因素:

沟通前要先评估彼此的状况,再进行沟通。先了解孩子的内心,大脑里正在经历什么。不要先着急解决问题,先了解问题是什么。否则问题解决了还会再产生。青春期里,你的孩子正在经历什么?答曰:"青春期的孩子在经历一场成长的海啸。"

一、首先是大脑

这段时期,大脑中大约有 1000 亿个神经细胞成熟,这一变化的直接结果,就是青少年的反应速度加快,更加敏感了;但大脑中负责控制情绪的"杏仁核",却发育得较慢,这就导致孩子们控制不了情绪,容易"喜怒无常"。

二、其次是心理

青春期,一直被心理学家称为"心理断乳期"。这个时期的孩子,"自我意识"觉醒,更注重"自我关注"。他们有了自己的想法,除此之外,孩子的生理、性格、价值观念等都在发生剧变。我们看到的,是孩子脾气大了,不听话了;看不到的,是他们的身心正在经历一场成长的"海啸"。

你想要听话的孩子,还是有主见的孩子?每个人说话都希望被听见,表达即疗愈。让孩子从小学会选择,去面对自己的需要、别人的需要及自己的欲望。日新月异的时代,孩子需要学会选择,平衡自己的欲望。

三、再次是情绪

负面情绪可以转化,人生赢在选择。家长要尊重孩子,不能把过多的负面情绪倾倒给孩子。有效沟通的第一位是与自己的关系,家长要先照顾好自己,再学会爱他人。学会分享情绪、表达情绪,而不是抱怨、攻击或责备,让对方了解你的情绪，有助于彼此的沟通与了解。

四、最后是方式

请问家长你是在喋喋不休地啰唆还是在宣泄自己的情绪？你有考虑沟通时的情境或时机吗？你有无客观中立地描述事件，陈述观察到的情况？你真诚地表达了自己的看法和感受吗？你是否选择了双方商量达成的方案？事后你有帮助孩子共同关注问题的解决吗？

【解决措施】

亲子沟通是家校共育工作中很重要的一部分。亲子沟通的有效与否在一定程度上影响着教育教学工作的效果。为此，在梳理完众多孩子与家长之间的沟通问题后，我们不妨做如下优化：

一、知己知彼，百战不殆

赢了孩子，你输了。与孩子合作，赢得孩子。但为何有的孩子愿意合作，有的孩子不愿意合作？

1. 先回忆你的情绪

在你和孩子沟通或互动时，你自己是怎么样的？你是挫败、厌恶、快乐、内疚还是恐惧、烦躁、悲伤、失望、愤怒？

当这些情绪升起时，你是什么感觉？你又是怎么对待孩子的？不了解、不熟悉自己的情绪，基本上就等于不认识自己。当与人互动时，你会留意到自己吗？

人有负面情绪时，生理机能减弱，解决问题能力减弱，需要暂停、休息、求助与调整。负面情绪是一种能量，不能消灭，只能转化。也就是说，不能控制、压抑或是逃避负面情绪，只能设法转化。高情商的人善于将情绪转化成生产力，也就是俗话说的"化悲愤为力量"，而不是压抑情绪留待日后。

人最难的就是了解你自己，掌管你的情绪，如果你没掌管好自己情绪，你就失去了与他人的连接。当想与他人互动时，要先准备好自己，留意自己的能量值。当自己愤怒、悲伤或脆弱时,不要着急教育孩子,把与孩子的沟通暂缓,先回来照顾自己。也不要过分苛责自己,不同时间"能量之杯"是不一样的,人都曾有过无力感、失望、难过或愤怒,有时能量高,有时低。通过睡觉、运动可回补能量。

2.再斟酌沟通的方式

(1)宣泄自己的情绪

高高在上地命令,直接给方法,让对方按自己的想法去做。但显然你的主意来自你的经验偏好,对方并不顺手,而容易遭对方质疑与拒绝。

(2)喋喋不休地啰唆

直接从自己的高度与角度提出一大堆要改进的问题,脱离对方的成长阶段与心理可接受程度,导致孩子生气、抗拒与不执行。

二、要考虑沟通时的情境

一般成功的沟通要素:

1.把握好教导孩子的时机

青少年内心敏感,格外在意外界的看法,有的孩子被父母当众斥责之后恼羞成怒,用伤害自己或父母的方式来惩罚自己或他人;有的孩子本想静一静,父母却"哐哐"敲门,强行沟通,逼得孩子无路可退。家长不妨采用睡前谈谈心、听着音乐聊聊天,或者写信、留言等柔和的方式。

2.将自己的生活与孩子分享,言传身教

"不要以为只有在教训、命令孩子的时候才是教育,在生活的每时每刻,甚至父母不在场的时候,都是教育。"这比一味地命令有效得多。与孩子谈谈生活,怎么待人接物,分享生活本身,可分享自己的挫败及你当时的感受等。

3.当沟通不再奏效,不如直接行动

或许是周末的一次户外郊游;或许是深夜里的一次慢跑;或许是假期的一次短途旅行;或许是和儿子打一场球赛,和女儿看一场电影。有效沟通,可强调生命本身!

三、有效沟通：赢得合作的"四步曲"

1. 多倾听，少评判，客观中立地描述事件，陈述观察到的情况

"嗯，好！"这是听完别人表达后的万能反应方式。即使对方的话毫无道理，你也要尽量从中找到真实、可信的一面，把自己放在别人的位置，从对方的角度看待问题。重复他说话中的重要字句、肯定他的情绪，表示对他的理解与尊重。可以用"我注意到……我希望我们能找到合适的解决方法共同解决问题。"

2. 询问孩子的想法和感受，并表达对孩子感受的理解

肯定其中你可以接受的话、肯定对方的动机和所做的努力。鼓励对方在这件事上的信心，与对现有资源、现有努力、现有进步的整体觉察，以便有足够的信心面对接下来的改变。可以借助"你句式"："你感觉……是因为……你希望……"作为人，感受是标配。要重视孩子的感受，肯定对方的动机与所做的努力，多鼓励对方。

家长朋友们，要给孩子心理营养，给孩子心理营养够了，手机就不那么需要了。学会欣赏自己，只有欣赏自己的人，才能给到别人发自内心的欣赏。不会夸自己，也就不会夸别人。肯定别人就在给对方心理营养，即在给对方赋能，他就会更有信心。有信心才改变，人当觉得自己好时才更容易去改变。人的成长有两种能量，一是恐惧，二是爱，请务必要多肯定对方。

3. 真实地表达自己的看法和感受

（1）改变表达问题的方式。"如有一两点，我觉得这样做就更好！"

（2）用"我感到……"表达你的思想和行为。"我感到不安"，不要使用"你错了""你让我生气"。可以借助"我句式"："当你……的时候，我感到……我希望……"

【后期效果】

父母和孩子需要共同关注问题的解决，选择双方商量达成的解决方案。"那下次我们怎么能避免再出现这样的问题呢？有什么好的解决办法吗？"有

的孩子可能真的找不到解决办法,这个时候父母可以提出引导性的问题,给孩子一些建议,让孩子自己说出解决办法。从对方的利益出发,指出对方需要注意和改变的地方,引导对方看到其他选择的可能性。立足于信任与欣赏,肯定要充分又到位,帮助对方找到他有用、能干、厉害的感觉与证据。这样出色,才能迎接下面的学习与变化。能帮助孩子和自己在沟通中看到彼此行为背后的感受、期待和渴望。当孩子内在的"自我"真正被表达和被看见时,行为才会有所改善或改变。

人压力大的时候,也想放松自己,要陪伴孩子一起找到合适的方法。手机是现代文明的产物,不给手机,就少了与现代文明的接触。手机极可能成为孩子解压的一种方式,但管理自己,管理好手机是一个过程。只要父母调整心态和观念,更多体谅和理解孩子,多思考有效沟通,便可在青春期里为孩子保驾护航。想要沟通有效,先要与孩子产生共鸣,说他们想听的,再把我们想表达的内容,融入对话中。管手机时不要只管行为,否则孩子也许会有一百种方法"对付"你。要让孩子学会表达,表达他的情绪及需要。孩子要先逆反,再独立!

【我的思考】

家长你要"赢了"孩子,还是"赢得"孩子?成长不易,父母难当。愿天下的孩子与父母,在岁月里共同成长,一起蜕变。在教育孩子的过程中,是再一次学习与成长的机会。因为孩子,我们再成长一遍!若干年后,我们再回忆,来人间一趟,遇你,予你,与你,有儿如此,何其有幸?若干年后,他们再感慨,来你家一趟,遇你,予你,与你,有汝如此,亦复何求?因为合作,何其自信,能生万法!因为沟通,何其自信,越来越足!如此心悦,怎不共赢?怎无风景?

孩子喜欢威胁家长，怎么办？

深圳市宝安区实验学校　杨鑫萍

【案例描述】

小 A 在小学阶段是一名优生，学习不怎么费力，但能获得不错的成绩。初一刚开学，我和科任老师却发现他不对劲——上课经常趴台，作业敷衍了事，面对老师布置的任务不放在心上。头几次考试，他的成绩还不错，但是慢慢地，他的成绩开始下滑，在期中考试时，只能在班里排到中间位置。起初，他在课堂上还乐意表现，但随着成绩下滑，他的精神状态也慢慢萎靡起来。上课时几乎不抬头，沉浸在自己的世界中，大部分时间在睡觉，醒来就在画画或者玩手工，桌子都被他掏出一个洞。

他和同学的相处倒是正常，有说有笑。但老师找他谈话，他基本不说话，老师很难得到他的反馈。通过聊天，老师们能感受到他对学习成绩还是在乎的，但是始终无法行动起来。精神状态时好时坏，可能在谈话之后的一至两天能够感觉到他的进步，但后面又打回原形。刚开始还配合老师谈话，后来老师一喊他就逃避躲开。妈妈在家也跟他进行了沟通，平时无异样，开心时他还会主动跟妈妈说起在学校的新鲜事，但只要一说起学习方面的事情，他就开始表现出不耐烦。

七年级上学期，因为深圳的疫情，两个月的网课彻底将小 A 击垮。他开始沉溺在网络游戏世界，起初还能到直播间听课，后来干脆玩起了消失。妈妈一开始态度强硬，遭到了小 A 的强烈抵触。据小 A 妈妈反馈，最严重的时候，他一整天不出门，澡也不洗、饭也不吃，拒绝任何沟通，只要家里有人他都不出来，半夜才出来到厨房里随便抓点儿吃的，房间的灯彻夜亮着，玩通宵是家常便饭。妈妈曾尝试将家里的网断掉，他便怒不可遏，以死相逼。

妈妈也曾尝试限制网速，用软件限制电脑游戏时长，打电话给游戏运营商限制游戏账号的使用等，只要能变相阻止孩子上网玩游戏的方式全都一一尝试了。只要小A没有满足玩游戏的愿望，在妈妈上班时，小A就疯狂打妈妈的电话，妈妈拒接后便发短信进行威胁。硬着来不行，后来妈妈只能服软，满足他提出的条件，关系才慢慢缓和，但小A依旧我行我素，只要稍有不满就开始言语胁迫家长。有一次妈妈偷偷打开电脑，发现小A加入了不同的游戏群聊，里面聊得热火朝天，小A还曾经给其中几位网友转账……小A的妈妈在这几个月之间异常煎熬，和我聊天时时常泪流不止。

【案例分析】

　　一个孩子出现行为方面的问题，其背后的原因一定是复杂的，不能一概而论。孩子喜欢威胁家长，我们不能仅看到孩子表面行为的越界，更应该透过现象看到本质，解铃还须系铃人。因此，当小A出现问题后，我与小A妈妈经过了数次深入讨论，通过电话、视频、QQ、家访等多种形式，较为全面地了解了小A的整体情况，并据此对小A行为产生的原因做了进一步分析。

　　一是性格因素。小A自尊心强，从小学习成绩中等偏上，是班里的优生，习惯了被表扬。据小A妈妈反映，小A从小学习就不怎么使劲，但学习也不差。小学的知识难度较小，因此小A难免抱有侥幸心理，上了初中还想继续"吃老本"，无奈只能"坐吃山空"。他的意志力薄弱，无法适应初中高强度的学习，不愿意投入大量精力学习，但又想要得到小学那般的鲜花和掌声，很快他的心里就产生了落差。随着学习强度的加大，他的退步越来越大，他心里着急，在行动上却难以落实，于是陷入了恶性循环。

　　二是家庭因素。在和小A妈妈聊天的过程中，我发现小A家庭存在的主要问题有两个：一是父亲的缺位，二是母亲在小学阶段管教过于严厉。小A的父亲在几年前因为工作的调动离开了深圳，每个月只能回家一次，加上工作忙碌，时常没有时间陪伴小A。可以说，在小A步入青春期前的关键几年，父亲没有发挥足够的影响力。正如著名心理学家荣格所说，母性代表了情感，而父性代表了规则。如果一个孩子在成长过程中缺少父亲的陪伴，那么当他长大以后，往往会缺乏理性和目标，甚至破坏规则和边界。在家庭教育中，父亲的男子汉形象和出自男性角度的教育理念能够帮助孩子在面对外部世界时树立自信，敢于迎接新的挑战，更利于培养孩子的果敢、刚毅、坚强等人格特质。父亲在家庭中的缺位，可能导致男孩子缺少可模仿的对象。在小A的家庭中，教育孩子的责任主要由母亲承担，父亲成为所谓的"影子父亲"，这种情况往往容易加剧母亲的焦虑，并容易引起孩子成长过程中的失控。小A的妈妈望子成龙，在小学阶段对小A较为严厉，方式强硬，经常忽略孩子的心理感受。同时，因为小A小学成绩不错，家长忽视了小A在其他方面的缺点，没有培养孩子良好的学习习惯。

三是心理因素。从心理学角度来看，网络成瘾存在心理需求的网络满足补偿机制，简单来说，就是孩子在现实生活中没有得到的，就会转向从网络世界获取。有些青少年最初并没有严重的网瘾，但当学业压力过大，出现情感和行为方面等问题时，常用社交媒体、网络游戏来逃避现实。这样的问题往往在学业不是特别紧张的时候被家长忽视。但当学习压力突然增大，孩子不能掌控上网的时间而影响学习时，父母才意识到问题的严重性。这种网瘾通常会引起一系列的行为问题，甚至引发紧张的家庭关系。

四是社会因素。多数孩子涉世未深，对未知世界充满好奇，缺乏安全警惕。教育研究表明，在青少年时期，同伴的影响甚至超过了父母和教师。这个空白地带如果没有好的价值做基础，就会被外来的其他价值观迅速占领。这些外来价值观有时来自网络，有时来自重要同伴的影响。小A在现实中得不到老师、家长和同伴的认同，很容易在网络寻找"慰藉"。网络是一把双刃剑，若网友能起到积极正面的引导作用固然是好事，但倘若是一群"乌合之众"，势必将孩子拖入泥潭。

【解决措施】

经过上述一系列的分析，我从学生、家长、班级三个层面，分别采取了不同的措施。

在学生层面，我重点关注、定期跟踪小A的情况，设立专门的档案便于持续跟进，同时第一时间跟心理老师进行汇报。因为小A经常不来学校，首要的任务是让小A能够重返校园，而不是在房间里昏天黑地打游戏。小A对老师找他谈话较反感，态度也不积极。我尝试在合适的机会和小A谈谈心，尽量避免把他叫到办公室给他带来压迫感，主要是利用课间时间，或者在校园里偶然碰面时，也尽量不张口闭口就说学习的事，让他慢慢放下防备，回归校园。我跟科任老师提前沟通好小A的特殊情况，让老师们在课堂上尽量找机会发现小A的闪光点，作业方面，只要小A提交了作业或者取得哪怕一点儿小小的进步，都大力表扬。另外，目前小A的生活属于失控状态，据心理老师的建议，现在需要慢慢让小A建立对自己生活的掌控感。鼓励小A每天少玩哪怕15分钟游戏，增加15分钟的阅读时间，先从容易做到的小事入手，慢慢恢复自己的控制力。长此以往，每天慢慢减少游戏时间，不断增加学习时间。

在家长层面，他们做出的调整是十分关键的。因为小A一周几乎只来学校1~2天，有时甚至两周都不到校，因此在家的时间占据了主要部分。如何能在家里帮助小A慢慢走出阴霾，需要家长们付出极大的时间和精力。通过家访等，我能感受到目前小A的家庭教育当中是存在比较多问题的，久积的矛盾正在爆发，因此，父母的改变势在必行。针对这种情况，我第一时间想到利用专业的力量，我给小A妈妈推荐了一些教育学、心理学方面的专业书籍，也将我所知道的一些资源共享给她（如学校的心理咨询室等）。小A的父母也在不断反思自己的教育方式，小A的妈妈由之前的"歇斯底里"，慢慢能够和小A平心静气地对话，家长开始接纳孩子，学会降低预期，这是改善亲子关系的开始。小A的爸爸坚持每天给孩子打电话，哪怕孩子不接，也坚持打。"冰冻三尺，非一日之寒"，虽然问题已经出现了，但亡羊补牢，为时不晚。

威胁家长透露着孩子自我意识的觉醒，想自己做主，此时家长可以尝试给孩子一定的掌控权，让他自己做决定，因为家长的适当放权有利于培养孩子的自我控制和管理能力。如，让孩子自己拟定计划，每天玩多久游戏，拟定了必须做到。面对孩子情绪的反复，要及时提醒，通过暗示让他意识到自己的错误，避免大喊大叫或者抱怨。

"疏"的作用一定大于"堵"。古人有云：与其堵而抑之，不如疏而导之。孩子出现行为问题时，背后一定有某种需要没有得到满足。如果简单堵住，孩子会采用压抑的心理防御机制，把自己的需求压下去，这样并不利于他们的心理健康。家长要多关注孩子的内在需求，所以要疏导，尤其是正面引导，跟孩子谈谈："可以心平气和地告诉我你的想法和原因，但绝对不是用威胁的方式。"

在班级层面，我主要通过班级学风的营造和班会课教育两方面进行引导。一是强调坚持和努力的重要性，不夸孩子聪明，而夸他们的努力进取。引导孩子们树立正确的价值观，有志者事竟成，今天比昨天有进步，便是一种成功。我特别召开了关于理想信念、青春期交友的主题班会。我非常喜欢这样一句话：如果你想造一艘船，不要雇人去收集木头，不要发号施令，也不要分配任务，而是去激发他们对海洋的渴望——希望梦想的风帆能带班里的孩子扬帆起航。

同时，针对青春期同伴关系的问题，我查阅了大量资料，精心准备了一堂班会课。心理学家认为，在青春期的初始阶段，青少年就通过与他人的关系形成对自我的感知，同伴交往有利于青少年建立清晰的自我感知并影响自我价值感。因此，帮孩子选择同伴，不如引导孩子学会如何处理"我认识的自己"和"别人眼中的自己"的关系，不断发展自我感知的社会化功能。在课堂上，针对孩子们面对的困扰，比如"自身特别在意同学的评价与认可""同学们都有自己的朋友圈，而自己独自一人"等进行开放式的讨论，碰撞出思想的火花。同伴交往的困惑反映出一些共性规律，即对于思想处于成熟和半成熟时期的青少年，良好人际关系的建立和在群体中主体参与的程度直接影响着自我认同度、社会存在感和能力激发状态。特别还提到了网络交友——线上交流是青少年喜闻乐见的交往方式，在讨论过程中，有的同学提到与网友交谈可以更加随心所欲，袒露心声。对孩子们线上交流的简单阻断和单一评价，不利于孩子处理与发展同伴关系。因此我尝试通过多种途径引导孩子懂得如何进行网络交往，尤其在与同伴的沟通中，不能因为看似的虚拟，摒弃线下交往的基本原则，正所谓，从心欲而不逾矩，要学会明辨是非，提高警惕。

【后期效果】

在家校共同努力配合下，小A同学的状态出现明显的好转。小A的生活作息逐渐恢复正常，愿意出房间和家长进行沟通交流，后续上网课时也会进直播间，哪怕只是挂在那里，但也从不缺席。暑假时，经过沟通，小A答应参加夏令营，在参加夏令营的一个月时间里，几乎没怎么碰电子产品。虽然过程有些曲折，中间有很多情绪的反复，但他最终坚持下来了。利用假期，小A还自愿参加数学补习，把七年级落下的知识一一补好。开学前，他和妈妈商量，表示愿意将电子产品交由父母保管，这一切都是良好的开端。

【我的思考】

青春期的孩子正处于人生成长的一个关键时期，孩子们比看上去更需要陪伴，特别需要能为他们改变的成长型的有"爱"的老师和家长。每个孩子距离成功，也许只差一个这样有"爱心"的成人。让我们为了成为孩子心中的那个人，一起努力吧！

家校沟通篇

家长只关心孩子学习成绩，怎么办？

深圳市宝安区上星学校　苏莉菲

【案例描述】

活泼开朗、善于言谈、做事主动的小泽在刚入学时就给我留下了很深的第一印象。很少有学生在刚进入初一的时候就能表现得如此自如，带着对初中生活的好奇和更多的探索愿望，他快速地完成了中小衔接，虽然他的成绩暂时处于中游，但人缘特别好，迅速在班级崭露头角，表现出来了很强的适应能力。

只是没想到期中考以后，小泽父母主动联系我询问孩子在校表现有无异常情况，称孩子在家"性情大变"，从小学开始到初一前几个月回家时都兴高采烈地喊上一声"爸爸，妈妈，我回来啦"，而现在回家不知怎的，不仅不会对父母露出的笑脸，还直接偷溜进自己房间，甚至把房门都锁上。听小泽父母这么说，我心生疑惑，这和小泽在学校的表现很不一致，于是我找了个机会和小泽好好谈了谈，从小泽支支吾吾中我找到了问题的症结：小泽的父母只关心他的学习成绩，让小泽内心很受伤害。我决定到小泽家进行一次家访，深入了解背后的情况。

在家访过程中，小泽的父亲对我说了很多关于他自己的成长故事，他出生于一个偏僻的乡镇，乡里人并不重视教育，世代以种田、捕鱼为生，而他全靠自己拼命埋头读书才走出了村子，来到深圳创业，改变了自己的命运。如今，小泽父亲认为自己已经为孩子谋取了比自己当年好得多的社会资源和学习平台，每天早出晚归就是为了尽全力给小泽创造一个自己当年梦寐以求的生活和学习环境，小泽竟然没有尽全力读书、名列前茅，这是他无法理解也难以宽容的。而小泽母亲是一位贤淑友善的家庭妇女，她一边在厨房里清洁碗筷,一边听着我与孩子父亲的交谈,这时候她搓了搓手走出来,有点儿局促不安地在我对面坐了下来。她说,其实自己感到很自卑,因为小时候家里太困难,加上有一定时代背景的原因,她没条件读书,才学到小学四年级就被迫退学,一直在家务农给弟弟攒学费,她认为自己现如今比弟弟家过得差,是因为自己没有读到更多的书,所以她特别希望小泽能考出更好的成绩、考上好高中、考上好大学、将来找个好工作,能够"光宗耀祖"。

结束在小泽家的家访时,已经到晚上十点了,从他家的巷子里走出来,我的心情很沉重。

【案例分析】

通过深入家访,我对小泽父母有了更多理解,也清楚地看到他们将自己未能实现的理想或过早放弃学业的遗憾寄托在小泽身上的心理诉求,但这份沉重的现实压得小泽喘不过气,不仅学习成绩退步了,家庭矛盾也格外激化。

一开始,小泽是高高兴兴背着书包放学回家的,对父母也总是很热情,乐于分享自己在学校的生活,但是上了初中,爸爸的回应只是问:"今天学习怎么样?布置了什么作业?"连一向温柔的妈妈也板着脸问:"最近又考试没有?考得怎么样?班上同学都考了多少分?"在父母的连珠炮般的追问下,小泽的笑脸一次次变成了苦瓜脸,时间长了,小泽开始有意地避开父母。可是,隔着房门,却依旧听到父母冷冽的关于成绩的询问。小泽有意疏远父母,而父母持续抱怨孩子越长大越不听话,殊不知,父母只关心孩子学习成绩的做法对孩子的伤害很大。

其实,父母关心孩子的成绩无可厚非,父母也并非完全不知道这样的管控会伤害到孩子的长远发展,可是站在父母的角度,他们拥有的选择空间亦很狭窄。现在教育界大力倡导素质教育,然而"学而优则仕"的传统理念在长期深远的历史影响下,对家长的教育观点有根深蒂固的影响。并且,在现实升学情况中，依然以考试分数为主，而"素质""能力""思想"等缺乏统一的、科学的衡量标准，很难量化评价，只作为升学的辅助参照。这也难怪，父母都有一颗不想让孩子"输在起跑线上"的心，面对现实的升学压力，和过去自己成长学习的遗憾，很多家长有时不得不像小泽父母一样，为孩子的成绩殚精竭虑，但现实总是事与愿违，我认为主要会造成以下三类消极现象：

会让孩子变得惧怕考试。有些孩子平时学习状态不错，但凡临近考试就紧张，因担心考不好而睡不好、吃不好，越是焦虑就越是容易犯低级错误，成绩越容易出现不稳定的起伏。如果父母只是关心成绩，而忽略孩子的心理，每天的对话内容依旧围绕"学习""作业""考试"，只会给孩子增加新的压力，也将越来越难以听见孩子的真实诉求，把孩子拒之千里之外。

会让孩子变得自卑、情绪敏感。在班级成绩优秀的学生往往不是最快乐的那一类学生，他们的心理承受着更大的压力，很难自由地、快乐地投入到休闲娱乐中。他们对自己常常有较高的要求，不允许自己做作业马虎、不允许自己上课走神、不允许自己考试失利、不允许自己变差退步……一旦有偏离自己"轨道"的事情发生，他们就会感到无助，感到自己毫无价值，成了不被老师或父母认可的孩子，担心自己辜负了他人的期望，不值得被关注，不值得被爱。

会让孩子形成与家长的对立。特别在初中阶段，良好的亲子关系是孩子成长发展的最大助力，相反，破碎的家庭关系会消解掉孩子的后备力量，使孩子的青春世界变得摇摇晃晃。一旦孩子成绩下降，父母不与孩子沟通原因、倾听困难，而是一顿斥责，不论哪里都觉得不顺眼，认为是自己的孩子不争气、没出息，对不起自己的工作付出，枉费自己的一片苦心。一旦这样的消极情绪笼罩了父母的心，那么本该与孩子建立的平等交流，只会变成单方面的过激批评，失去了耐心的父母会由冲动情绪掌控理性分析。

由此看来，小泽的父母只关心孩子成绩，而忽略孩子的全面成长的态度，是伤害孩子的自尊心、自信心，形成亲子对立的原因。

【解决措施】

其一，澄清观念，关注成长。

教育的目的是为了人的健康成长，是包含德智体美劳等多方面综合化、多样化能力与素质的提升，是一个系统而复杂的工程。而成绩只是作为学生智力发展的其中一个指标，在孩子的成长发展中，有许多事情比孩子考试成绩更重要。例如坚持体育锻炼，发展一项自己热爱的运动项目；应对挫折与失败的能力，提高抗挫能力；发展社交，广结好友；增强语言表达能力。为了逐渐渗透、改变家长的观念，我常在班级微信群转发一些成功的教育案例，分享一些育儿阅读教育专著，供家长们阅读、借鉴。这么做不仅是为了缓和小泽一家的矛盾，更希望引导班级家长更多地关注孩子的身心健康和人格成长，走出唯分数论的恶性循环，使家长真正意识到，一时的成绩只是对某一阶段知识掌握情况的检测。

其二，切忌攀比，时常鼓励。

小泽父母与小泽的沟通总是以单方面的批评为主，特别上初中以来，随着学业压力的增大，父母的焦虑远超于孩子的成长步伐，三句离不开学习，话里话外都将小泽与班上更好的学生做比较。这不仅是小泽一家的问题，很多父母都在做无效的亲子沟通。

所谓有效陪伴，不是"守在孩子身边监督作业"，而是加强和孩子间的沟通，及时掌握孩子的心理变化，发现孩子心理上的问题。特别在孩子遭受学习挫折时，一味打骂孩子，孩子非但没有在家长的帮助下从考试的失利中总结经验、教训，反而增加了再考时的恐惧心理。要是再连续几次失败，可能导致孩子产生自卑心理："反正我就这样了，破罐子破摔吧！"这样下去后果可想而知。另一方面特别是不要拿自己孩子的成绩和别人比。有些家长经常说，你看人家谁谁家的孩子多省心，人家的孩子怎么学习就那么好？我们应该承认孩子之间是存在差异的，并不是所有的孩子在学习上都是有天赋的。一直和别的学习好的孩子相比，会使孩子产生自卑和逆反心理，引起孩子强烈的抵触情绪和反感心理。当孩子没有得到预期的好成绩时，他已经非常难过了。这时候，父母不要再刺激孩子，在他的伤口上再撒上一把盐，而要让孩子在父母的宽容中找到安慰和继续努力的力量。同时也不要忘记对孩子说"下次努力"，使孩子把目光转向下一次的机会。即使孩子有厌学情绪，成绩非常糟糕，父母也要忍住一时气愤，调整好心态，给孩子最大的宽容和鼓励，想办法使孩子的目光转向他的长处，增强孩子的自信心。没有信心，再好的方法也起不了作用了。

其三，放下情绪，共同分析。

每次当我接到家长的求助电话时，虽探讨的问题不同，但极为相似的是家长们"无休止的抱怨"。这样的抱怨当然出于对孩子的爱，更来自焦虑情绪。当情绪盖过理性思考，家长就容易陷入"被辜负"的消极情绪中，以抱怨代替方法，也更偏向于从外界寻求外力帮助改善问题，较少从家庭内部思考沟通的方式。这一点在小泽的矛盾中表现也很明显。

是人都会犯错，特别是青春成长期的孩子是在试错中成长的。在和家长探讨孩子问题时，我首先是放下自己的情绪，保持耐心，引导家长控制情绪，争取对孩子的错误有更多包容度。允许孩子犯错，不是纵容，而是要和孩子共同分析、努力改正。特别当孩子受了委屈时，理性的评理不如一个温暖的拥抱，如此一来，对孩子的心理进行抱持，让孩子感觉到家长是永远的坚强后盾，一切委屈都可以逐渐消散。当孩子的总体成绩剧烈下降时，家长一定要重视这个信号，表明孩子某段期间学习不在状态，可能遇到了其他问题。这时家长要沉着冷静，与孩子耐心、真诚交流，让孩子说出心理困惑，和他们共同面对成长的苦恼。必要的时候，还可寻求专业心理辅导人员的帮助。

其四，邀请家长，共话沙龙。

围绕某一共同话题，召集家长们以沙龙的形式畅所欲言，往往比班主任"一言堂"的家长会更能带来长远、有效的影响。我首先在家长群中做问卷调查，了解家长们因学生成绩发生亲子矛盾的比例，并统计家长反馈的疑惑；

再从问卷中挑选个别成功处理亲子矛盾的家长，请他们作为沙龙会议的嘉宾，分享育儿经验，引导现场家长们的讨论。一场沙龙会议的时间大概90分钟，家长们在彼此的倾诉中，能获得更多的理解，在思维的碰撞中，也能得到更多的技术方法支持。对于学生的成长，我们应该看到一个动态的过程，身体健康、心态阳光、自强自立、品行端正等这些优秀品质，都比阶段性的优异成绩更加重要，毕竟我们要培养的学生是未来要走入社会、面向未来的高素质、高能力的人才。

【后期效果】

尽管改变家长的观念不是一蹴而就的，也不是仅依靠学校力量就能促成的，还需依赖整个教育体制的改革与进步。但班主任依然能在现阶段的亲自沟通中发挥一定的力量，通过努力，小泽的情况得到了一些改善：

小泽父母对学习、作业、成绩的过问减少了，更多地关心孩子的学校生活与人际交往，小泽对父母的表达欲渐渐回升。

小泽父母不再讲述自己"当年的故事"，不用自己的遗憾捆绑孩子的未来，比从前做到了更多主动的倾听，小泽能够比较坦然地说出自己内心的想法。

3. 小泽父母应邀参加了一次班级的专题沙龙会，主动分享了和小泽的矛盾与化解过程，梳理了经验，深化了理念。

4. 小泽的个性又恢复了之前的活泼，整个人身上都透着一种轻松劲儿，学习上虽然暂时没有突破性的进展，但是课堂专注度提升上来了，作业质量也比从前更高。

【我的思考】

在和朋友们偶尔的聚会时，孩子时不时会成为话题中心，而成绩往往最终都会成为家长们讨论的中心议题，更是难免攀比。每个孩子都有自己的成长节奏和时间，生长发育规律不尽相同，有的孩子发育早，思维敏捷；有的比较迟钝或顽皮，在学习成绩方面家长不应急于求成。耐心等待着，营造和谐愉快的家庭氛围，培养孩子坚强的意志力，提高综合素质，学习成绩自然也会相应提高。

家长不配合老师的工作，怎么办？

深圳市宝安区实验学校　王江

【案例描述】

班上有个小周同学，他经常不配合班主任的工作，给我的班级管理带来了很大的挑战和困难。

七年级上学期，因为疫情原因，开展了线上教学。网课期间，我就发现小周经常没有听课，观看时长就几分钟，有的时候根本不看。我想，七年级上学期一开始的学习状态和习惯非常重要，就赶紧电话联系小周的家长。短短一周，和小周家长通了好几次电话，但效果不佳。后来了解到小周父母在学校附近的工厂工作，工作都非常忙，因此，网课期间，只有孩子一人在家学习。电话交流过程中，可以明显感觉到他们时间很急，我要展开说时，他们就迫切地想结束通话。有次建议小周家长，如果条件允许时，可以带他们到自己上班地方去学习，方便监督，家长说试试，但是从他的上课时长和作业来看，情况并未发生积极改变。可以说，小周父母对自己的孩子，几乎不会关心和过问，那他的学习就是被动完成和应付。

七年级下学期，一次英语课上，小周同学和另外一名同学严重违纪，在纸上用漫画和文字的形式，对英语老师进行了侮辱，性质极其恶劣。我发现后马上给小周同学的家长打电话，请小周同学家长来校，一起进行教育，但未曾料到，小周家长以强硬的语气说，他没有空，无法来学校。

班上还有一位小辉同学的家长，他的父母受教育程度比较高，也有一些教育经验。这位小周同学平时就很调皮，主要表现在课间爱打闹，喜欢推别人。第一次比较严重的事故是小辉和一个平时玩得比较好的同学互相推搡，将其他班一个孩子差点儿撞伤，为了避免后期出现严重的安全事故，我让他家长了解了情况,并告知课间玩耍要有分寸,不能对自己和他人造成伤害。没过两周,他课间时,又推另外一个男孩,导致我们班一个女孩指头受伤。自从第一次我将他的这种行为告知家长后,我就发现小辉同学没有以前那么尊重老师了,而在第二次他犯了同样的错误后,我请他妈妈来学校时,他妈妈也没有很好地配合我的工作,也没有为自己孩子的行为道歉。

这是我班上两个典型的家长不重视教育、不配合学校教育管理的个案,也让我对家校沟通、家庭教育有了更多的思考和理解。

【案例分析】

小周和小辉家长不配合班主任和老师工作的原因,我想主要有以下几个方面:

第一,他们工作太忙,几乎没有时间关心孩子的教育,其实这也是多数在深圳打工的家长的共性问题。他们有的上夜班,有的下班很晚,工作非常忙,时间跨度大,基本没时间关注孩子的学习状态。这样的身份,决定了他们在听到班主任反馈孩子某些问题时候,不太愿意接受这些问题,也不敢正视问题。

第二,父母对教育的重要性认识不足。小辉的家长虽然经济条件优越,自己本身也是教育从业者,但太惯着孩子,任由孩子发展,加上初中男孩的叛逆,基本上无法对孩子进行有效的家庭教育。从另一个方面说,他们只注重小辉的物质生活,比如给他报篮球班、让他玩游戏等,但忽视精神生活与学习目标,这与学校教育的一部分目标是不搭配的。

第三,父母对孩子学习状况不甚了解。他们的家庭作业出现大片空白,课本也是画满了涂鸦,下发的学科资料也是经常找不到,而当我们在沟通时,问及是否有查看孩子作业情况和学习态度时,他们的反馈要么是孩子不让看,要么是彻底不关心他学得怎么样。可以看出,小辉和小周的家长很少主动关心孩子的学习,这导致他们对问题的严重性没有真正的认识,也不知从何着手改善家庭教育。

第四,没有认识到家庭教育的重要性。小辉的家长认为,子女教育主要是学校的责任，家长只需要帮孩子提供好的物质支持和学习环境就可以了，他们没有意识到家庭教育的重要性，也不懂得如何正确引导孩子成长。

第五，家校沟通不足。尽管我致力于与小周、小辉家长的联系，但由于家长的态度，家校联系始终效果不佳，这也加大了问题处理的难度，使双方在教育理念和解决方法上无法达成高度一致。

综上，家长工作太忙、教育重要性认知不足、对子女状况不了解、教育观念保守以及家校沟通不足，是这个案例的主要原因所在。要解决这些问题，还需要进一步努力和磨合。

【解决措施】

在后期的学习和实践中，我主要尝试从以下几个方面进行尝试：

第一，加强家校沟通。尽管家长的态度不好，配合度也不是很高，我还是首先对两个孩子进行了教育，对小周进行了班级表彰，认可他的进步；小辉采取一种冷静观察的方法，让他感受到规矩的重要。除此之外，我还是继续给家长反馈他们在校的表现，倾听家长的想法，寻找共同的解决方案。

第二，更新家教理念。当我看到好的家庭教育讲座时，会转发到家长群，特别提醒他们可以认真观看，学习一些适宜孩子的教育方法，让他们全面理解家庭教育的重要性。我也邀请其他家长进行经验分享，以启发小辉和小周的家长。

第三，协调亲子关系。我有针对性地对小周开展心理辅导，帮他建立学习信心，给他制定学习目标，然后将他的表现告诉他妈妈，建议他妈妈尽量抽空陪陪孩子，尝试理解孩子的内心需求。

第四，制订教育计划。我还和两位孩子家长共同制订孩子的学习计划，提出符合孩子特点的学习方法，帮助孩子改善学习态度，提高语文成绩，同时明确各方的责任与义务。当然，在这个过程中，需要结合两位孩子的个性和兴趣制订计划和目标。一般来说，先制订一个短期目标为宜。

第五，改善家庭氛围。最主要的是帮助家长改变传统的家教理念，学会走进孩子的内心世界,与他们进行平等沟通,让孩子愿意跟家长倾诉。我鼓励小周在父母面前多表达自己的想法,并建议他的父母主动邀请他参与一些家庭决策,以增进彼此了解,激发小周的学习主动性。

【后期效果】

经过我的观察,实施了以上措施后,取得了比较好的效果。首先,他们的教育理念有所改变,重视程度有所提高。小周的家长开始理解家庭教育的重要性,也意识到自己应有的责任;小辉的家长不再一味满足孩子的物质追求,更多引导他努力学习。他们也开始主动和老师沟通,了解孩子近期学习情况。其中,小周的学习态度发生了很大改变,在家校共同努力下,小周逐渐体会到学习的乐趣,课堂上眼睛变得有神了,他的考试成绩也有所提高,这让我感到十分欣慰。两位家长也愿意积极配合我的教育工作。小周的家长会及时回复家校群内的通知和要求,有时在班主任组织的活动结束后,家长还会主动提出一些宝贵的意见和建议,这让班主任感到很是欣慰。小辉最大的改变是变得安静了,课间不再蹦蹦跳跳,对老师的敬意再度回来,也会主动与老师沟通学习方法,他们两个的改变引来其他学生的仿效,使得全班学习氛围也有所提升。两个孩子的改变,班级风气的变化,家长的积极配合,也让我感觉到工作的意义和价值。

【我的思考】

这两个案例让我深刻认识到家校沟通的重要作用,只有畅通的家校沟通和彼此的信任,才能让家长配合我们的教育,这也是解决问题的基础。时代在发展,家庭教育也在变化,这对多数家长来说,无疑是巨大的挑战,希望更多的家长能够懂得一些教育的基本方法,更新自己的教育观念。对于我自己而言,还需要提高处理班级事务的应变能力,需要不断学习和提高,要善于分析问题,并能根据具体情况提出切实可行的解决方案,这也是对今后工作的基本要求。

遇到教育观念偏激的家长，怎么办？

深圳市宝安区塘尾万里学校 张娜

【案例描述】

小湘，我班里一位非常自信、大方的女孩，做事很有主见，爱看书，绘画和写作能力都很强。可惜，除语文学科外，其他学科都学得不怎么好。尤其到了初三，随着学科内容的增加、难度的增大，小湘越发疲于应对，学得更加吃力了。

一模前夕，会有一些职业技术学校来校做招生宣传。得知这个消息的小湘，跟我聊了一下她对未来就学的一些想法。她觉得以她目前的学习情况，是很难考上公办高中的。即便上了民办高中，学费又贵，学得也很吃力，还不如找一个适合的职校，发挥特长，为自己奋斗一把。听了小湘对自己未来的规划，我表示赞成，也鼓励她遵从自己的内心，勇敢去做。同时，我还叮嘱小湘，一定要跟父母商量这件事，要征求他们的意见。

妈妈在了解了孩子的真实想法后，对孩子的决定表示支持。之后的几天，小湘本人沉浸在对自己未来的规划和憧憬中，学习热情高涨了不少。正当我为小湘因为找到了自己未来的方向而重新开始感到高兴时，突然有一天，小湘找到我，心情激动地说："张老师，我妈不同意我上职校了！她说如果我坚持要上职校，就让我自己想办法赚学费，她跟我爸是不会管我的。"看着眼前泪眼婆婆的小湘，我拍拍她的肩膀，安慰她说："你先别激动，咱们慢慢说。之前妈妈都是很支持你上职校的，这会儿突然改变主意，肯定是有原因的。老师帮你先了解一下情况，再看看怎么办比较好。"

当天，我拨通了小湘妈妈的电话。还没等我开口问，小湘妈妈便抢先说："张老师，我知道你想说什么。我本来是很支持小湘的决定的，但后来想想，自己当年在那么辛苦的年代都能坚持读书,还考上了大学,结果自己的孩子最后却要去读职校,甚至不参加中考(因为是去读职校春季班),要是亲戚朋友问起,我的脸都不知道往哪里搁了!而且,我也查了网上的一些信息,职校不比高中,人员鱼龙混杂,说得更直白些,都是一些不想读书的、读不了书的才会去那里。我家孩子本来学习就不太好,要是去了那样的地方,肯定会受影响,到时候就更加不想读书了。这样的话,她这辈子就完了。虽然这段时间小湘的学习热情是好了很多,但是她只学习喜欢的科目,难的科目就放在一边不管。我说了她,她就说反正读职校不用学。所以,我决定不让她去读职校了,您也不用再劝我了!"听小湘妈妈言辞凿凿地说了那么多,我知道,要想让她改变主意并不容易。

这边,小湘因为妈妈改变主意,情绪越发低落。看着一颗原本闪耀的星星突然黯淡了,我实在于心不忍,于是思索着该如何帮助她。

【案例分析】

从与小湘妈妈的沟通来看,她的态度之所以发生180度大转变,主要有以下几方面的原因:

对职业教育的认知比较局限。在小湘妈妈看来,读职校的学生,绝大部分是初中时期学习不好或者不想学的。小湘妈妈有这种想法也是正常的。毕竟还有很多家长认为哪怕在高中混三年也好过在职校读三年。但是他们所不知道的是,读职校的同学,他们仅仅是在文化学科上有困难,在某些方面还是有兴趣爱好,甚至是有一技之长的。普通的就学途径只会将他们禁锢在牢笼里,剥夺他们为自己创造出彩的机会。此外,国家就特别提到过两种教育,其中一个就是职业教育。职业教育是培养产业技术人才的教育,是广大青年打开通往成功成才大门的重要途径,也是提升就业、服务民生的教育。近几年,国家持续发力,出台了一系列推动现代职业教育高质量发展的政策。我国职业教育事业也因此实现了快速发展,体系建设也稳步推进,培养培训了大批中高级技能型人才,为提高劳动者素质、推动经济社会发展和促进就业做出了重要贡献。当然，职业教育跟普通高中教育确实存在不同，职业教育侧重的是技术培养，但也会保证一定的文化水平。

得不到小湘爸爸的支持。当小湘妈妈跟小湘爸爸聊女儿的真实想法时，遭到了爸爸的极力反对。他坚决认为，职校就是让人混日子的地方，小湘去那里就是想要混日子，就是想要自我放弃，还说了一些他所见的小湘自我放弃的表现，甚至说了一些难听的话。一帧帧、一幕幕，都刺痛了小湘妈妈的心。

期待与现实的极大落差。作为有着较高学历的小湘妈妈，出于本能的望女成凤的心愿，再加上当今社会对学历文凭的要求，她内心里还是很希望孩子能够上好大学的。在她看来，读高中比读职校更容易考上大学。此外，她也担心不知道如何回应亲戚朋友的问询。

小湘不稳定的状态。虽说小湘确实因为找到了努力的方向有所改变，但长期积累下来的学习困难不可能一下子就解决，反而有时候会很明显。这个时候，小湘在学习上的起伏就会让妈妈错以为是因为找好了退路而自我放弃。

【解决措施】

在明确了小湘妈妈改变主意的原因之后，我决定从小湘妈妈和小湘本人着手来解决问题。

小湘方面。首先，感受不易，引导理解。我后来了解到，小湘爸爸一直以来对小湘都是不管不顾的，而且仗着自己高学历，一直觉得女儿给他丢脸了，甚至经常打击她。有时候，说不得女儿，就说小湘妈妈。可以说，小湘与妈妈是相依为命的，是互相依靠的。在这种情况下，作为母亲，对孩子的期待肯定会更多一些。于是，在面对孩子的成长变化时，可能看得就比较重。对此，我是深有体会的。为此，我觉得要通过小湘本人的改变让妈妈找到坚持的力量。于是，我找来小湘，将妈妈内心的纠结告知她，也将自己同样作为母亲的感受与之分享。希望她能够了解到，妈妈的动摇是担心自己今天的决定会影响到她的未来。但如果你能够给她动力，让相信她今天的支持是对你的成就，她肯定会支持的。小湘在我的引导下，对妈妈有了更多的理解，也明白了自己这段时间某些不恰当的行为带给妈妈的一些担心。其次，一起约定，努力改变。我们一起约定：一，及时真诚地向妈妈表达歉意和谢意。二，在接下来的学习中，喜欢的、擅长的科目可以多花时间，但不喜欢的、有困难的科目也绝对不能放弃，尽力去学。三，我们必须明白，上职校不是我们学习的终点，而是我们继续深造的跳板。

小湘妈妈。首先，表达理解，取得信任。我首先向小湘妈妈表达了自己的理解。我告诉她，她有这样的想法是正常的。她会这么想，也是担心孩子的未来，也想逼孩子一把，出发点肯定是为了孩子好。我也告诉她，小湘心底其实也是懂得妈妈的，她相信妈妈这样做肯定是为了她好。其次，分享故事，扭转认知。紧接着我与小湘妈妈分享了2015届一个学生的例子。那个学生叫小婷，当时以她的成绩考上中等水平的公办高中肯定是没有问题的，努力三年再考个本科，也不成问题。但出于对高中生活的预估，她毅然决定报考"五专"，连续读五年，出来后便是大专生，还想读本科的话，得再考。那个时候，我国的职业教育还没有像今天那么发达。小婷的妈妈的文化水平也不及小湘的妈妈。但在了解了孩子真实的内心想法后，毅然给予了大力支持。我跟小湘妈妈说，当年的小婷妈妈和现在的她是一样的，肯定都做过很多心理挣扎，但最终让他们确定下来的，一定是对孩子未来发展的长远考虑。再次，给予建议，帮助改变。最后，我还告诉小湘妈妈，作为父母，我们期待孩子飞得更高、飞得更远，这是人之常情。但学习的主体是孩子，不是我们。我们要看到孩子在飞翔过程的辛苦，也要尊重孩子的想法。而且，小湘的想法也不是自我放弃，更加不是像爸爸所想的那样去混日子。孩子如果听到爸爸妈妈这样说自己，肯定会很伤心的。您也看到她这段时间的能量满满，就是因为找到了努力的动力。如果我们不做深思熟虑，就武断地下结论，肯定会打击她的自信心。那样，好不容易找回的一点儿学习热情就会被彻底浇灭了。

【后期效果】

小湘在我的引导下，对妈妈的心情有了更多的理解，也明白了自己过去的不懂事。在当天就跟妈妈表达了歉意和感谢，并强烈地表达了自己的想法——职校不是退路，是跳板，她不会就此放弃自己，反而会珍惜机会，奋发图强。希望妈妈能够相信她，并且给她支持的力量。后来，小湘确实如自己所约定的那样，更认真对待学习，对于非常抗拒的英语，也从每天两三个单词的背诵开始学习。当然，这个过程必然会经受很多考验，小湘有时候也会因为煎熬冲妈妈发脾气，想要放弃，但最终都在妈妈的支持和我的鼓励下，坚持了下来。

小湘妈妈在我的劝说下，也试着冷静下来，好好思考孩子的问题。回想起过去三年陪读所感受到的女儿在学习上的有心无力，也觉得，与其逼着孩子继续痛苦地学习，不如让她选择一个适合的地方发光发亮。那之后，小湘妈妈便利用周末带小湘去职校参观，做进一步了解，还自己上网查找相关信息。与此同时，面对孩子学习上的问题，她的心态更加平和了，并且和孩子一起重新开始，一点点将英语拾起来。哪怕只是两三个单词，开始了就一定会有收获。对于有些实在学不了的科目，妈妈也不再逼迫小湘了，而是让她把精力放在优势科目上，找回自信心。

后来，小湘如愿就读了携创春季班。在那里，她成了"鸡头"，老师们很看重她，让她负责班级各项事务，还让她参加各种比赛。小湘也真的不负众望，取得了优异的成绩。毕业后的很长一段时间，小湘经常给我发来喜讯，分享她在学校的喜悦。小湘妈妈也经常跟我联系，分享小湘的喜讯，也感谢我当初耐心的劝导和分析。

【我的思考】

家长教育观念的偏激，抑或是落后，跟家长本身的文化背景、个人经历、社会关系等是有关系的。但只要我们找准根源，用对方法，还是可以解开心结的。

　　沟通是调节观念冲突、建立良好关系的保障。只要我们能够开展积极有效的沟通，一定可以使家校、亲子相互理解，达成共识，也就能够有效地防止破坏性冲突的产生和爆发。

家长过多干预老师的教学，怎么办？

深圳市南山区南山外国语学校（集团）滨海学校　董宇

【案例描述】

一位优秀的老师，绝不是一个人就能炼成的，也不是短时间内就能成功的。

刚到这所学校的时候，我刚毕业不久，因为被录取的工作单位是一所名校，自然便在工作中更多了一份谨慎与敬意。作为一名执教新人，我抱着万般的热情与学习的劲头，轰轰烈烈一头扎进去开始了我的教学工作。

然而事情总不是那么一帆风顺的，尤其对于一个职场新人来讲，光有热情与激情，还远远不够，本以为教学工作只是与学生之间单纯的传道受业解惑，与家长保持良好的沟通与互相信任，可现实中教学工作的复杂性，已经远远超出了我的想象。

所谓"成也名校，败也名校"，作为一所家长们趋之若鹜的名校，学生的素质和知识储备都是比较优秀的，老师可以带领着这群优秀的孩子们尽情翱翔在知识的天空中，享受着教学相长的快乐与思维碰撞后的火花迸发。可是这群高素质与高知识准备的学生背后，有着一群高学历的成功家长，这很好地反证了那句"虎父无犬子"。

先来谈谈我们学校的"虎父"们，他们大多数都是有高学历、高认知的人，学校曾经有做过一个数据调查，结果显示学生家长文凭是硕士生的占37%，博士生的比例在11%，他们在自己成功的学习经验积累下，如今的他们都在商海有了一定的财富积累，或者在职场上占据了一定的社会地位，因此，就会不自觉地将自己的学习经验和观点套用到自己孩子的身上，这也导致了他们不太会听从班主任或者是科任教师的建议，更有甚者，还会质疑和反驳老师的教学方法。毕竟他们自身就有着求学成功的经验。

因此，每当他们看到自己的孩子学习方式与当年的自己大相径庭的时候，便开始焦虑和怀疑，他们解决问题的方式一般会有以下三种：

直接发信息或者打电话问询该学科教师，并提出自己的观点和看法。

越过该学科教师，直接向班主任或者校领导反馈，并提出要求和整改意见。

最后一种，也是最严重的一种，直接越过了学校，向教育局投诉，这种方式看似是最直接有效的，但是伤害性也是最大的，如果处理得不妥当，会在很大程度影响学校的声誉和被投诉教师的工作热情。

【案例分析】

从客观角度分析，作为高学历、高认知的家长群体，他们自身具备了成功的求学经历和成功案例，认为自己的经验就是最大的说服力，也就造成了他们会轻视学校的教师，认为自己才是懂得教育的；从主观的角度来讲，他们一方面希望自己的孩子能够复制甚至是超越自己的成功，少走弯路；一方面又希望孩子们不要像他们那样吃不必要的苦，最好能走一条直达目的地的路。所以一旦发现孩子的教育模式不如他们所愿，就很容易担忧和质疑。

但是懂得教育并不代表会教育，诚然，高学历、高认知家长群体的成功的求学经验在某些方面对学生的学习有一定的借鉴作用，但是，高学历、高认知家长拥有的只是作为一名优秀学生的经验，并非高水平的教学能力，而一名优秀学生的经验不足以指导面对全班学生的教育教学工作。

所谓"闻道有先后，术业有专攻"，作为学校的教师，在获得教学资格前，必须要经过该学科专业理论的学习以及一系列教师的基础技能、学校实习、课程设计等实践培训，教师所上的每一堂课也都是严格遵循该学科的最新课程标准的，如果是中学教师，还要充分考虑中考题型的变化。在学生整体学情的基础上，选择合适的时候进行因材施教，但是很难就家长所提出的只适合自家孩子的教学方法来制定针对全班的学习方法。教学界有一句话叫作："教有法，但无定法。"更何况每个教师的阅历不同，教授方法也不同，即使是针对同一堂课，都会有着"同课异构"的教学形式。

家长适当地提出建议是可以的，如果这个建议能够促进课堂教学的良性发展，也是可以虚心采纳的，年轻的老师甚至是要感谢家长的有效建议，但如果过分干预课堂教学，不仅会增添教师教学工作的麻烦，还会给孩子树立了一个不好的榜样，从而削减了教师的课堂权威性，让孩子在对待该门学科的态度上更加随意，更加不尊重教师，对该门学科也越发没有心情和兴趣学好，甚至导致学生厌学情绪，相信这也是每个家长都不想看到的结果。

【解决措施】

这个问题要一分为二地看待。

一方面，高学历、高认知家长群体如果对教师的教育教学方式有看法，需要通过合理的渠道向学校或教师提出来，作为该学科教师一定要有善于辨别的能力——如果该项建议确实有利于学生和教学，则可以大胆引进并加以改进，毕竟"三人行，必有我师焉"，"教学相长"并不仅仅存在于教师和学生之间，也存在于教师和家长之间，良性的互动是一个好的开端。教学的过程从来都不是简单的一方面就能完成的事，一定是多方面合作的。

如果确实是教师的问题，就需要教师进行深刻的自我反思，并以真诚的态度与家长进行沟通，感谢家长提出的合理建议，且在今后的教学中进行有效的整改，让家长看到自己的进步与成长。毕竟，没有人会责怪一个真诚的人，也没有一个人生来就是一个经验丰富的教师，每个人的成长都需要时间，相信高学历、高认知的家长会比任何一个都能清楚地认识到这一点。

另一方面，如果有过于冒进的家长越过了学科教师直接向班主任、校领导或者教育局提出建议的话，就需要该学科教师与相关负责人进行及时的沟通，向校领导和班主任说明事情的来龙去脉，毕竟，了解问题的全部才能更好地解决问题，切记不可在听到被投诉的消息后，自己首先就方寸大乱，而是要稳定住自己的情绪，一个人只有情绪稳定了，才能更好地解决问题。

如果只是家长的无理取闹，则更需要学校的团队作战，面对高学历、高认知的家长，首先就要做到不卑不亢，不躲不逃，及时与家长沟通，沟通内容可从以下三点入手：

家长有权参与学校教学工作的监督，但并不意味着家校教育混为一谈，家庭教育与学校教育看似差不多，却有着本质的区别，家长必须要划分清楚这两者的界限和各自的职责，不能混为一谈。作为家长，理应积极配合学校的教育，也许在别的方面，家长是专业的，但是在学校的教育上，一定要相信学校教师的专业性，而不是对教师的专业教学指手画脚。

家长面对的和要培养的只有自家的孩子，学校面对的孩子却是成千上万个不同家庭培养出来的孩子，因此，家长不能以家庭教育的标准来要求学校教育，要为学校的教育留出足够的空间，要知道，有效的教育是来自家校相互合作、相互配合的良性循环，而不是相互制约和相互抵制，这样只会给学校的教学工作和任课老师带来不必要的压力，对自己孩子的教育却没有一点儿好处。

家长过多干预学校的课堂教学，也不利于良好家校关系的搭建，无论是教师还是家长，都应该利用好同理心，学会换位思考，多站在对方的角度上来思考问题，尤其是家长要多支持和尊重教师的工作，家校良好互动的基础是各有侧重、各有分工，家长更应该在孩子的品行方面下功夫，也要兼顾学生在家里的良好学习习惯的养成；教师在教授书本知识的同时，也不忘日常德育教育的重要性，只有教师和家长两者相辅相成，才能达到教育目标的最大化。

这里要说明的是：校领导、班主任和学科教师一定是要站在同一条战线上的，只有这样，遇到了问题才能群力群策，俗话说："一个人也许可以走很快，但是一群人才能走得更远。"因此尽量不要一个人去跟家长沟通，尤其是年轻的教师，高学历、高认知的家长往往会咄咄逼人，不仅更进一步影响学科教师的心情，还会导致事情向不好的方向发展。

【后期效果】

在教师与家长的及时与有效地沟通下，一些家校矛盾得到了很好的解决，同时，学生不再对学校和老师进行不必要的抱怨，家长也明白了自己的管辖范围和界限，不再对教学工作指手画脚，无论是师生关系还是学生的学习成绩，都有了很大的改善。

学生自己有疑问或者有问题，学会了先从自己身上找原因，而不是简单地回到家里跟家长告状，诉说自己的委屈。

老师们的上课积极性也得到了很好的提高，放开手脚进行积极的课堂教学，而不是缩手缩脚，瞻前顾后。

在班级整体氛围的影响下，学生的学习热情也有了很大的提高，之前是排斥和怀疑，现在是虚心和接受，班级风貌焕然一新。

其他家长也有了更高的热情，与学校的配合越来越和谐，更进一步带动了班级的学习风气，所谓"尊其师，重其道"，学生的学习成绩也有了很大提高。

总之，整体呈现出了一种良性循环，积极的师生关系让"教学相长"得到了最大程度的体现。

【我的思考】

高学历、高认知的家长确实具备了相对较高的文化素养，他们自身成功的经验在某些方面确实也可以对教学和学生有一定的指导意义，但是如果家长过多干预课堂教学，会让教师尤其是年轻教师"乱了阵脚"和"无所适从"，从而陷入茫然和自我怀疑的状态，这对自身和教学工作来说都不是一个好现象。

只有细心思考发现问题的内在，全面思考处理问题的方式，进行及时的沟通与真诚的交流，方能从本质上解决所面临的困扰，从根本上实现教育成功的共同目标。

家长在群里抱怨老师、批评学校，怎么办？

深圳市龙华区观澜中学　张雪莹

【案例描述】

那是让班主任忙得焦头烂额的开学之际，我们班的家长在微信群里针对午餐配餐公司问题，纷纷锋芒毕露地批评老师和学校。

"请问班主任老师，本学期的配餐公司还是 Y 公司吗？我孩子上学期总是回家跟我们说这家公司的菜非常难吃，没有味道，而且分量很少都吃不饱。"杨爸爸一声惊雷，炸出了心怀不满的家长们。

"我的孩子也反映说这家公司很难吃，他都吃不下去，每次吃一点儿就不想吃了。难道你们学校不是每一年都重新选择配餐公司的吗？怎么还是这一家？十几元的午餐怎么是这样的？"温妈妈马上附和质疑。

"学生们都反映这家公司的饭菜这么难吃，老师们都不知道的吗？老师都不陪孩子们一起用餐，怎么知道饭菜干不干净？怎么知道饭菜够不够吃？怎么知道饭菜好不好吃？"陈妈妈连续抛出几个问句。

"强烈要求老师必须每天陪孩子们一起用餐，吃孩子们吃的饭菜。这是老师应该做的！学校应该强制要求！"张妈妈直接提出了高要求。

"这个学期的配餐公司怎么还是这家？重新选了吗？怎么选出来的？应该给我们一个交代。明明那么多孩子跟我们家长反映饭菜还不如上一家 J 公司。"杨爸爸补充道。

微信群里已经被家长们对配餐公司和老师、学校的不满意见刷屏，看着快速滚动的一条一条言辞尖锐的信息，我不禁心生焦虑。我选择先做午餐相关资料的整理工作，思考如何回复，暂时不出面回应信息。

过了不久，班级家委回应了家长们，正是他们参与的配餐公司招标工作：

"配餐公司招标工作是每年进行一次的。上学期末的时候已经完成，确定这一学期仍由 Y 公司配送学生午餐。"

一些家长情绪正激动："怎么招标工作我们都不知道？家委怎么选出来的？""对呀！这么多同学反映有问题的公司还继续选择？"

家委会会长非常委屈："上学期末，我们年级家委会负责选择配餐公司时，已经下发通知。每个班级派出两位家长到各个配餐公司视察环境与品尝餐品后，投票决定本学年的配餐公司。那个时候我们班没有家长愿意报名，最后只派了一个家长去考察。这家公司也是整个年级的家委会最后投票决定的。"问题甚至还激化了家长与家委会间的矛盾。

但另一些家长也站出来发言了。"我记得有这样的事情，上学期末招标工作正常完成。""我家孩子说这家公司比上一家好吃一点儿，分量也大一些，还有加菜。""我曾经到学校试餐，这家公司的饭菜说不上很好吃，但却是健康营养的。""我看群里经常发每天的菜单，看上去还可以。"

群里批评的声音、解释的声音、支持的声音"各自为营""相持不下"。

【案例分析】

家长与老师，可以是为了培育孩子一路互相协作的伙伴，但也可能在孩子利益受损时候成为矛盾激化的对手。面对家长在群里抱怨老师、批评学校，如何化敌为友，正是对班主任功力的一大考验。

1. 时机分析

最初，班级群里家长投诉、斥责的声浪一波接一波，如果我贸然在群里发声，势单力薄的我会被"拍扁揉碎"。因此我选择静观其变，等待援军力量现身。等到家委们出面解释说明，此时批评的声音、解释的声音、支持的声音在群里"三足鼎立"，我想这正是合适的时机。

2. 责任分析

班主任是班级管理者，但午餐公司选择事宜，实际上由学校德育处组织招标，由家委会组织考察并投票决定。学生午餐纪律，由学校德育处组织管理，值日老师落实管理。午餐饭菜事宜，由配餐公司负责饭菜搭配和安全卫生，由家委和家长监督反馈，由学校和老师辅助监督。

3. 诉求分析

家长批评老师和学校其实是表达诉求的一种方式，要想快速解决问题、处理批评，就要理清家长的核心诉求。其一，家长要求公平公开选择配餐公司。其二，家长要求配餐公司提升饭菜口味。其三，家长要求反馈畅达有效。其四，家长要求学校和老师落实监督。这些诉求有的是针对配餐公司，学校和老师要起到传达作用；有的是针对学校和老师，要落实到位，及时反馈。

4. 力量分析

班主任要善于团结调用各方力量。这次事件中，部分家长反对学校和老师，因为他们不满意或不清楚现状。班级家委、学校、老师则是同一阵线，明白配餐公司的选择与管理过程。

【解决措施】

1. 选择时机

治兵讲究天时、地利、人和，"治班"亦如是。当班级群里家长们纷纷投诉时，要是我立刻出面回应，会把自己置于"靶子"的位置，被情绪激动结成战线的家长猛烈抨击，难以全面而恰当地解决矛盾。所以我选择先做午餐相关资料的整理工作，思考如何回复，暂时不出面回应信息。

2. 控制事态

我先联系当时负责选择配餐公司的家委，询问投标经过与结果，然后请求他们出面先解释说明投标工作和跟进工作。他们是最清楚投标事宜的人，由他们解释是最清晰公正的。负责人家委首先站出来回应家长，也能将瞄准班主任的炮火分担一部分，形成家长—家委—教师"三足鼎立"的局面，而且家委和教师"合纵连横"、相互支持。

3. 摆明事实

这次投诉风波的起因很主要一个原因是家长对配餐公司投标和监管事宜

的误解，一是对制度不了解，二是对过程不清楚。治本之策是消解家长的误解。刚才我收集的午餐相关资料就派上用场了，有助于家长知道老师和学校应该做什么以及做到了什么。

4. 正向沟通

正向沟通，也就是非暴力沟通，指在与他人沟通时，诚实地表达自己的客观观察、内心感想、实际需要、对他人的请求，并在表达中除掉会造成伤害的成分，达到有效沟通的目的，让双方能够相互理解，避免冲突，最终达成共识。非暴力沟通的四个要素是表达观察、诉说感受、讲述需求、提出请求。

我运用非暴力沟通方式在群里回应家长，先表达共情："孩子是我们心心念念的未来花朵。民以食为天，青春期的孩子正处于长身体时期，吃饭是个关键问题。"

然后描述观察："我观察到家长们在群里表达一些关于配餐公司的诉求，包括投标事宜、饭菜口味、跟踪反馈等方面，觉得老师和学校做得不够好。"

再诉说感受："我看到以后有点儿焦虑，因为关于配餐公司的事宜家长们平日里了解不多，也没有直接接触，可能里面有一些误解。"

最后讲述需求并提出请求："家校是合作关系，成为敌对关系太可惜了，不利于学生发展。我需要家长们的配合与帮助，消除误解，合作共赢。请家长们查看我整理的配餐公司投标和配餐资料，更深入地了解投标过程是否公平公正，更直观地了解配餐饭菜是否富含营养。"

5. 联合力量

配餐公司是独立法人公司，是学生和家长的服务者，是学校和年级的合作方。我联系配餐公司派出专人在群里回复家长们的疑惑，配合跟进家长们的要求，消解家长们的怒气和怨气，提出并落实改进方案。配餐公司的监管事宜，除了班主任、家委和家长，还离不开学校和年级的力量。官方说明与承诺有非同一般的权威性。我还联系了德育处主任和年级长，及时报告情况，反映家长诉求，提出改进措施。

6. 落实改进

面对家长的批评，无论是配餐公司还是学校老师，都应该及时反馈，提出改进方案，并落实到位。我承诺家长们每天公布饭菜搭配，每周最少陪餐一次，每月邀请家长到校陪餐。学校也承诺派专人监督配餐公司对家长意见的跟进落实情况。

【后期效果】

家长们查看了我整理的文件，进一步了解投标过程的公平公正，清楚配餐公司的资质水平，"偃旗息鼓"，没有家长继续投诉。部分家长继续强调配餐公司要改进工作和学校要加强监督，也被我们的改进方案说服，静下来继续观察。

我们再次在班级群里公示配餐公司的招标与投标文件，敦促配餐公司组织一次家长视察之行。这次家长们报名比之前积极多了。这家配餐公司规模大、资质全，一张张资质执照让家长安心；环境干净、厨房卫生、配餐过程规范，一道道工序让家长放心。

一些没有时间参观公司的家长，我们还组织到学校陪餐，他们亲眼看到学校管理、亲口吃到配餐饭菜，有家长跟我反映："这饭菜味道还可以，虽然不是十分美味，但是足够营养。我看到还准备了辣椒酱和加菜，孩子们基本能吃饱。并没有我家孩子回去说的那么差。"有家长补充："之前上一家公司加菜总不够分，这家好一点儿。"还有家长说："家委的选择是合适的。我吃过上一家公司的饭菜，感觉没有这家好吃。"

这次风波过后，我每天都会关注孩子们的餐单，菜肉均衡、营养丰富，我才放心。每周至少陪餐一天，并且会拍照片分享到班级群。如果发现饭菜太少或太难吃，会直接向配餐公司提意见。有一次看到每次发苹果的时候，都有比较多的同学不要苹果，我就直接向负责人建议少派发苹果，可以换成别的水果。每月定期邀请家长到校陪餐，越来越多家长更清楚孩子们在校用餐情况。

【我的思考】

"治班"如治兵。治兵讲究天时、地利、人和,其实要想"人和",也要用好"天时"与"地利"。家长在群里抱怨老师、批评学校,"人和"缺失,就要利用好"天时"和"地利"。遇到矛盾时,联合力量,获取支持,搜集材料,适时出面。更重要的是功在日常,平日里要维系家校良好关系,维持密切交流,保留事实证据。网络使交流便捷,却也加深了家校合作的隔阂。群里发生矛盾时,班主任要学会转移战场。面对面交流,有利于心连心理解。平日里要主动填补虚拟网络的"鸿沟",邀请家长们到孩子和老师们每天生活的学校里多观察,耳闻不如一见。

非暴力沟通是班主任的"三十六计"之一。这是每个班主任都应当掌握并应用的沟通方式,用共情替代指责,用事实消除误解,用请求促成合作。

家长要求老师格外关注他的孩子，怎么办？

深圳市宝安区宝安实验学校　彭紫絮

【案例描述】

教育是一场家校协力的"双向奔赴"，家长是我们教师进行教育最重要的合作伙伴之一，良好的家校沟通，可以为孩子的成长助力。然而，在与家长合作的过程中，我们可能会遇到一些难题需要我们去解开。

三年前，我刚走上工作岗位，还没来得及完成从学生到教师身份的转换，便由学校安排担任七年级的班主任，一方面诚惶诚恐，自己没有任何班主任和班级管理方面的经验，不足以胜任班主任工作；一方面又有所期待，班主任和孩子们相处时间长，更能走进孩子们，也能更全面地接触学生，了解学情，便于教育教学的开展。在这样紧张、期待等各种情绪交织中，我和3班的小朋友们共同开始了一段新的旅程。新手班主任遇上七年级新生，真是兵荒马乱、鸡飞狗跳，好在有年级长、老教师以及其他有经验的班主任的指导和帮助，在经历了一段磨合期后，我们班慢慢走上了正轨。

但没多久，一个更棘手的问题开始困扰我。"老师，麻烦你帮我管严格一点儿。""老师，你说一句胜过我讲十句，你帮我管吧。""老师，我不会教孩子，孩子就拜托你了。""老师，我的小孩视力不好，麻烦把小孩的座位调到前面。"身为老师，特别是班主任，这样的话相信你我都不陌生，当我作为新手班主任听到家长希望老师格外关注他的孩子的请求，感觉到自己身担重任，但同时也很迷茫，班级中五十个小孩我都很关注，也在慢慢了解每个小孩的性格特征、兴趣爱好等，如果格外关注其中一个小孩，我把过多的时间和精力放在这个孩子身上，可能会对其他孩子不公平。另外，这种做法是否真的可以促进孩子的成长呢？老师如果过分关注一个孩子，小孩可能会过于依赖老师这个外在压力,而忽略自己的学习能力和自主性,也会不利于他的未来发展。

【案例分析】

在教育教学工作中,不可避免地会遇到各种各样的问题,作为一名教师,应树立"问题解决"的思维,从问题中寻找原因,从原因中寻找解决方案。当不断有家长提出希望我格外关注自己小孩的请求后,我开始意识到这并不是个案,一个接一个地满足家长的要求不是解决这个问题的有效措施,解决问题还需要寻根究底。

首先从自己身上找原因,我开始反思自己以往的家校沟通情况,发现了以下几个问题:家校沟通内容局限,过去在与家长沟通中,沟通内容主要集中在小孩的考试成绩和学习习惯,但除了小孩的学习之外,小孩的家庭教育、心理状况、人际交往、爱好特长也是非常重要的;还有就是沟通时间较少,我与家长之间往往是以问题为导向的沟通,是"小事不沟通、大事才沟通""没事不沟通、出事才沟通"的模式,这种沟通模式看似可以高效、有针对性地解决问题,但并不利于长远的家校合作。

除此之外,还有一个非常重要的原因是七年级的小孩已经慢慢进入青春期,青春期是一个孩子成长过程中比较敏感的阶段。这个时期,孩子的身体和心理都会发生很大的变化,而且会出现很多问题,如情绪波动、自我意识的增强、行为和价值观的转变等,会开始展现各种叛逆情绪,做出一些叛逆的事情。再加上我们班小孩绝大部分来自双职工家庭,父母没有时间照看小孩,或是只有低质量的陪伴,在小孩需要父母陪伴的成长阶段存在教育缺位的情况,这导致了父母与小孩缺少紧密的情感联结。等小孩进入中学阶段,家长们开始重视小孩的教育时,青春期的孩子们会将家长对自己的管束和说教,当作自己获得独立的障碍,因此经常会不加思考、不遗余力地反抗家长,希望摆脱家长的控制,从而导致亲子关系的紧张,这时家长便会向外求助,希望老师能够给予更多的关注和帮助,以便帮助孩子度过这个时期。

【解决措施】

找到原因后，我茅塞顿开，其实不论是家长还是老师，都有一个共同的目标，就是为了更好地帮助孩子成长。而帮助孩子成长的前提是家庭教育与学校教育相同配合，有效合作。那如何有效合作？结合班级学情和自己对于家校合作的理解，以及向有经验的班主任请教后，确定了以下几点：

首先建立学生档案。在开学时，一般学校会要求每班建立学生档案，包括孩子的基本情况、家长的基本情况等，这样可以快速了解每个孩子的基本信息，但除了这个基础的学生档案，我还增加了一些不一样的学生档案。例如，"一生一案"，我在电脑上给每个小孩创建了一个文档，通过和孩子们平时的相处，了解到了学生的爱好或是学生发生了一些小故事，我便会简单地记在文档中，一方面，在和家长的沟通中做到心中有数，如果每次都是找家长催作业或是说问题，时间长了也不利于建立良好的家校沟通氛围，有了"一生一案"后还可以和家长聊学生的兴趣爱好、身心健康、人际交往、品格养成等各类话题，从细节中让家长体会到老师对于小孩的关注。第二，教育是一项处理"未来问题"的工作，因此，家校沟通不应只在出现问题时才与家长沟通，我们需要做的是"采取主动"，当发现学生有一些不同往常的状态后，及时与家长沟通，让家长引起重视，并给出了一些建议和方案，以减缓家长的焦虑，也让家长感受到老师对小孩的关爱。

反馈也是班主任工作中非常重要的一部分，在工作之初，我在家长群发的信息都是各种各样的通知，而少有学生在学校的情况，家长缺少了了解小孩、了解老师工作的渠道，这也是不利于家校沟通的。所以不管是班会课还是其他校内校外的活动，我会和学生们一起做一些有意义的事情并留下照片、视频等资料。我还记得，当我将我们班孩子们在学校运动会"多人多足"项目中一起奔跑冲向终点，并获得年级第一的视频发到家长群时，家长们看到后仿佛身临其境，为孩子们感到骄傲，更是感叹我们班集体的团结，当家长通过照片和视频了解到自己的孩子在学校的状态时，他们不仅会更全面地了解小孩，也会对老师产生更多的正面认知，为家校沟通打下良好的基础。

家校合作一个很重要的前提是信任，而我在年龄、教龄上不具备"优势"，我们班家长会觉得我太年轻，不能管理好班级，家长们也有自己的社会经验，在过去的沟通中，我给到的建议，家长们并没有真正"信服"。我决定用"事实说话"，我发起了一些面向小孩的调查，会设置一些与家庭教育相关的问题，例如"父母和你沟通的频率""父母和你沟通的内容""父母和你交流的时段"等，调查发现，绝大多数学生认为，父母最关注自己的学习成绩和身体健康，而忽视了心理健康和人际交往等问题，并且大部分父母和小孩的沟通发生在上学和放学路上。就调查反映出来的问题，沟通内容、沟通时间段其实并不是很恰当，我给家长反馈的时候就打比方说，家长们可以想象一下自己在上下班途中，领导一直在问工作的进度，这个时候的心情会怎样呢？然后给家长提一些沟通内容、时机的具体建议，他们觉得有效，就会更愿意配合老师未来的教育教学工作。因为这样给到的建议是基于调查暴露出来的问题给出的，是实际有用的解决方案，家长就更容易接受并且信服，也会赢得家长的信任。

【后期效果】

在有条不紊地推进以上工作后，我感受到了家长们对班级管理工作的日益信任。"老师，麻烦你帮我管严格一点儿。"的话语减少，取而代之的是家长与我沟通的频次增加，更加积极主动地与我沟通。其次，沟通的内容也不再局限于学生的成绩，更多的是行为习惯的养成等。并且我与家长们这种日常的信息交流建立了很好的情感连接，在之后对家长有所要求或者对学生进行问题反馈的时候，就更容易获得支持和理解，班主任工作也就更好开展。

【我的思考】

著名校长李镇西说过：学校教育非常重要，但无论多么重要，都只是家庭教育的重要补充。老师和家长，就像两支船桨，只有双方朝着同一个方向共同努力，才能让孩子向着我们期望的方向驶去，顺利到达成功的彼岸。每个孩子都来自不同家庭，家长的人生经历和性格各不相同，只有掌握了"家校沟通"的密码，才可以更好地帮助孩子成长。在班主任"打怪升级"之旅中，心怀热爱、步履不停，我们与孩子们一同前进。